THE
PRINCIPLE OF MONEY
AS LIBERAL ARTS

お金原論

30代で知っておきたい「お金の知性」の高め方

泉 正人
Masato Izumi

東洋経済新報社

はじめに

「お金」とは何か――。このシンプルな命題に、現代の視点から向き合おうというのが本書のすべてである。

お金の誕生は、人類の歴史に大きなパラダイムシフトをもたらした。そして、お金の「媒介物」としての役割が大きくなっていくにつれ、私たちの生活とお金のかかわりは、加速度的に密接になってきた。

現代において、私たちの生活とお金とは、もはや一蓮托生だ。生活のあらゆる局面において、その選択には「お金」が多大な影響を及ぼしている。買い物も、住まいも、仕事も、移動手段も、時間の過ごし方も、人間関係も。

お金が単に物々交換を幇助するための存在だった時代であれば、限られた生活圏だけでの、あるいは家庭内だけでのローカルルールさえ知っていれば十分扱うことができた。しかし、急速に進むグローバル化は、経済を複雑化・高度化させるとともに、「お金」の本質にも大きな地殻変動をもたらした。お金というものの本質をローカルルールだけで捉えてしまっていては、遅かれ早かれ、この地殻変動に飲み込まれてしまうだろう。

しかし、である。この「お金」というものの本質について、これまでいったいどれだけの議論が交わされてきただろうか。これだけ金融工学や経済学が発展した現代にあっても、「お金」そのものの本質についての議論は、ほとんどなされないままになっているのではないか。お金が通貨という域を超え、単なる数値になっている今、その数値が何を意味しているのかを定義する必要があるのではないか。これが本書の筆をとった偽りのない動機だ。

本書は、現代社会にとって欠かせない道具である「お金」について、その本質は何なのかを問い、「お金」という軸から社会構造を捉え直したいという目的で書いた。ファイナンシャルアカデミーという学校を通じて15年。個人的な体験を含めれば20余年。「お金とは何か」は、私にとっての最大の命題であった。そして、これまで39万人を超える受講生を見てきた結果として、確信を持って言うことができる。

「お金」という軸を通じて自分自身をニュートラルに見ることができれば、他責による不平不満がなくなり、自分を客観的にコントロールできるようになり、ストレスのない人生を送ることができる。

「お金」という軸を通じて信用経済の本質を知ることができれば、目の前の収入を増やすことができるだけでなく、社会に大きな影響を与える人材となることができる。
そして、1人ひとりが「お金」という軸を通じて世の中を捉えるようになれば、社会問題として顕在化しているさまざまな歪みをなくすことができ、あるべき未来を見つけ出していくことができる、と。

お金はもはや「通貨」ではない。自分や社会の「真実」を知るための道具だ。「お金」という軸から自分や社会をニュートラルに捉え、結果を受け止めたとき、お金は、真実を知るためのこのうえない道具として、新たな光を放ち始める。

生活や人生と切っても切り離せないものであるにもかかわらず、義務教育でその扱い方を教わることのなかった「お金」。すべての読者が、本書を通じ、お金の本質に気づき、お金との向き合い方、世の中の捉え方に揺るぎない指針を築くことで視界がクリアになり、人生をもっともっと楽しめる人になっていくこと――それが私の願いだ。

それでは、「お金とは何か」という、シンプルだが新たな問いへの扉を開けていこう。

目次

第2章 お金はあなたを映す鏡 029

第3章 お金とは何か

第4章

7つの「お金の教養」 099

第6章 お金と人格 237

第1章

お金は信用を見える化したもの

❶ お金は今や単なる「数値」にすぎない

貝殻から歴史がスタートした「お金」は、紙幣や硬貨の時代を経て、今や「数値」へと変貌を遂げつつある。もちろん、今でも紙幣や硬貨が日常生活に欠かせない「お金」の形であることは事実だ。しかし、それは私たちの資産全体のほんの一部でしかない。

50年ほど昔であれば、お金持ちはたくさんの紙幣や硬貨を保有していた。頑丈な金庫に入れてしまっておくというのも普通の光景であったし、それゆえに「金庫番」と呼ばれる職業さえあった。

「きょうは諸君からひやかされに来たようなものだ。なんぼ田舎者だって——これでも街鉄を六十株持ってるよ」

「そりゃばかにできないな。僕は八百八十八半株持っていたが、惜しい事におおかた虫が食ってしまって、今じゃ半株ばかりしかない。もう少し早く君が東京へ出てくれれば、虫の食わないところを十株ばかりやるところだったが惜しい事をした」

これは、夏目漱石の『吾輩は猫である』の中の一描写だ。明治の末期には、株式投資も、現物の「株券」のやりとりがその中心だった。

翻って今はどうだろう。銀行預金にしても、通帳のないネットバンキングが一般化している。買い物にクレジットカードやＳｕｉｃａやＥｄｙ、ｉＤといった電子マネーが使われるのも日常の光景だ。航空会社のマイルやＴポイント、楽天ポイントなど、汎用性の広いポイントの「お金」化も進んでいる。

ビットコインを筆頭に、国による信用の裏づけを持たない通貨も登場している。「仮想通貨」「デジタル通貨」と呼ばれるこれらは、インターネットの介在によって世界中で流通している。紙幣や硬貨の発行はもちろん、信用を裏づける国家もなければ、流通を管理する事業主体もない。米ドルや円など現実通貨との交換は、ウェブ上の取引所を通して行われている。こういった形態のものまで、世界共通の「通貨」として一部の人々の中で浸透し始めている。現代社会で「お金持ち」と呼ばれる人が持っているもののほとんどは、ブラウザ上に表示される単なる「数値」にすぎないのだ。

私自身の普段の生活を振り返ってみても、銀行預金の残高を確認するために記帳をしに行くといったことはめったになくなった。パソコンやスマートフォンの画面で確認するのがほとんどだ。また、現金よりもクレジットカードや電子マネーで買い物をするほうが圧倒的に多い。

「お金」が、紙幣や硬貨という「物質」から、単なる「数値」へ変わってきている。これは、貝殻が紙幣や硬貨へと変貌を遂げたのに匹敵するぐらいの「お金」の歴史的変化といえる。

お金を扱うこと。それは、数値をコントロールすること

「お金」の形が、単なる「数値」へと変わってきている今、私たちが身につけるべきスキルも、紙幣や硬貨の扱い方ではなくなってきている。

毎月、給料日になると銀行へ行ってＡＴＭを操作し、紙幣を下ろす。飲食店で割り勘にする際に、それぞれが財布を開き、何枚もの紙幣をテーブルの上に並べてやり取りする。ポチ袋に紙幣を入れて、お正月に親戚に配る。こうした光景が年を追うごとに減っていく

のは自明の理だろう。

現代でも、結婚のご祝儀や、葬式の香典では「紙幣」を包んで持っていく、というのが今のところ主流だ。そしてそこには、お祝い事は新札で、弔事は折り目のある紙幣で、といった、独特の礼儀が存在する。

紙幣そのものの持つ価値は、新札であっても旧札であっても同じなのに、考えてみればとても奇異な慣習だ。こうした慣習も、あと50年ほど経過すれば、「歴史上の不思議な慣習」としてメディアで面白おかしく紹介されるような日が来るのかもしれない。

子どもに対し、「電子マネーはお金のありがたみがわからないから使わせない」という親がいるが、こうしたお金の歴史的変化を鑑みると、正しい教えとはいえない。紙幣や硬貨という実物資産の扱い方だけを教わって大人になり、自ら経済社会に身を置いたときに、果たして「お金」という数値をうまく扱えるようになるだろうか。

大人でもクレジットカードを持っていると気が大きくなって財布の紐が緩んでしまうという人がたまにいるが、これも「クレジットカード」という目に見える長方形のものをお金の代替物と錯覚するがゆえに起こる現象だ。お金というものを物質として捉えていることの弊害といえる。

これからの時代は、物質としての「お金」の扱い方ではなく、数値としての「お金」のコントロール方法を学んでいくこと、教えていくことが重要だ。このお金の「形」の歴史的変化に気づかず、財布に入っている紙幣やクレジットカードの扱い方ばかりに意識を向けていては、未来の可能性を大きく広げるどころか、時代の変化の波の中で気づかないうちに溺れ死んでしまいかねない。

❷ お金は信用を見える化したもの

ところで、「お金」が単なる数値だとしたら、その数値そのものが示しているのは結局、何なのだろうか。

答えは明快だ。

その数値が示しているのは、「信用」の大きさだ。

お金とは、「信用を見える化したもの」であり、信用は「お金」によって可視化されるのだ。このことは、「お金」の本質を知るうえで最も重要なポイントといえる。

その1つの象徴といえるのが、先ほども例に挙げたクレジットカードである。

クレジットカードの萌芽は、1950年代のアメリカにある。その誕生に立ち会っているのが、アメリカの老舗クレジットカード会社であるダイナースクラブだ。

老舗百貨店の創業者の孫であり、ダイナースクラブの創業者の1人であるアルフレッド・ブルーミングデールは、自分がよく会食に訪れるレストランで常連客が「ツケ」で食事をしているのを見て、「お金持ちがツケで食事をすることができたら、潜在顧客になるのではないか」と考えた。この、「お金がある人なら、ツケで買い物をしてもあとで支払えるだろう」という「信用」こそが、現代のクレジットカードの原点となっているのだ。

クレジットカードという言葉は、もはや日本語として社会に深くなじんでいるが、そもそも「クレジット」という単語を直訳すると、「信用」だ。

クレジット業界では、私たちの社会人としての経済的信用は「信用情報」と呼ばれる。日本には3つの信用情報機関があり、クレジットカードや割賦販売、住宅ローンやカーローンなどの利用残高、返済履歴といった私たちの日々の信用履歴(クレジットヒストリー)は、それぞれの機関によって収集・管理・共有されている。言い換えれば、あなたの信用度の偏差値のようなものが「クレジットスコア」として信用経済の中で共有されているということだ。

本書を読んでいる賢明な読者であれば認識していると思うが、クレジットカードは決して「お金を生み出す魔法のカード」ではない。クレジットカード誕生の経緯からもうかがえるように、クレジットカードとは、もともとその所有者に対する信用とセットで存在するものなのである。

「信用」とはいったい何か

「お金」が物質から数値へと形を変えていく社会においては、クレジットカードを筆頭に、「信用」が人生にもたらす影響はますます大きく膨らんでいく。

信用があればその人が扱えるお金の量は多くなり、信用が少なければ扱えるお金の量は少なくなる。これまでは、どこの大学を卒業したのか、という「学歴」に重きが置かれていたが、今後は、お金とどのように付き合ってきたのか、という「額歴」がモノを言う時代になっていくといえるだろう。

扱えるお金の量が多いということは、つまり、人生の自由度が高まるということだ。扱えるお金の量が少なくなるということは、人生の自由度が減るということだ。信用社会においては、信用の多寡が、人生の自由度と直結するのだ。

「あの人は信用がある」「あの人は信用できない」など、「信用」という言葉は日常の会話の中でもたびたび使われる。

★過去の行いが信用を作る

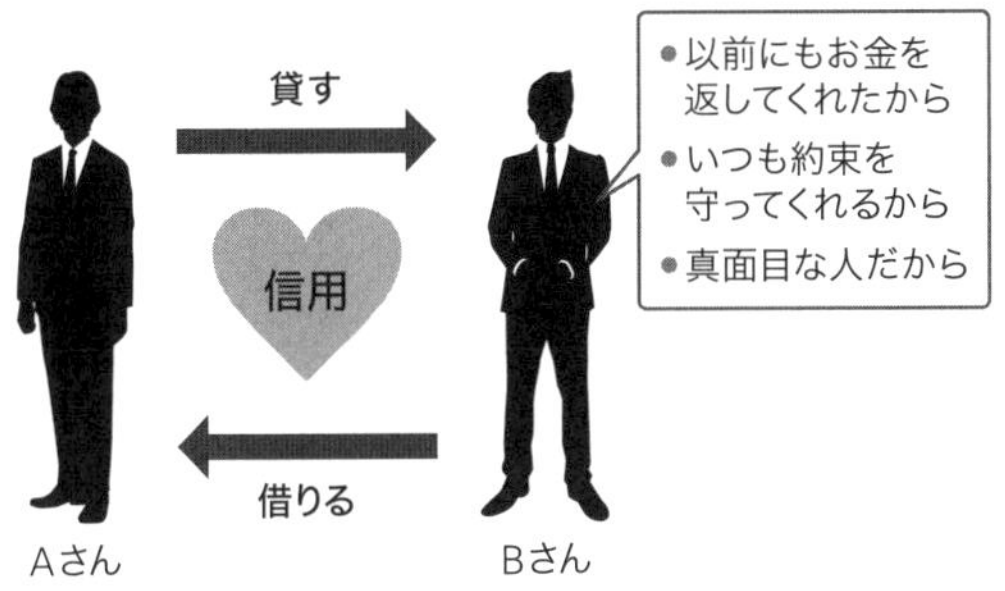
貸す
借りる
信用
Aさん
Bさん
●以前にもお金を返してくれたから
●いつも約束を守ってくれるから
●真面目な人だから

では、「信用」とはいったい何だろうか。

『岩波国語辞典』によれば、「①確かだと受け入れること。②今までの行為からして、将来も間違いを起こさないと信頼すること」とある。

たとえば、Aさんが知人のBさんにお金を貸すとしよう。AさんがBさんにお金を貸せるのは、「信用」が成立しているからだ。「以前にもお金を貸したとき、きちんと返してくれたから」「いつも約束を守ってくれるから」「真面目な人だから」といった今までのやり取りがあるから、お金を貸すことができる。これが街角で出会った見ず知らずの他人であれば、よほどのお人好しでない限りお金を貸すことはないだろう。

つまり、過去の行いが信用を作るのである。

プロ野球の田中将大投手がニューヨーク・ヤンキースに入団したときの年俸は7年契約で161億円であったという。これだけの年俸が支払われるのは、他でもないこれまでの実績による信用の結果だ。

時給1000円のCさんと、時給1200円のDさんの違いは、信用度の高さだ。私自身も会社を経営しているので大いに実感があるが、給料の金額は信用の大きさそのものである。会社の経営者や上司が、Cさんは1カ月で25万円分の働きをしてくれると「信用」し、Dさんは1カ月で50万円分の働きをしてくれると「信用」すれば、それが給料の違いという「結果」になる。いたってシンプルだ。

頑張っても報われない理由を悟った日

私が「お金とは何か」を深く意識するようになったのは、20年以上前のある出来事がきっかけだった。

その当時、経済的に苦しい状況が続いていた私は、目の前の生活のために必死に働いていた。毎日朝から晩まで働き、東京都内にある築50年ほどの、和式便所が設置された安い部屋に住居を構え、自由のない生活を送っていた。

いつも「人生で大切なのは、お金ではない。やりたいことができるかどうかだ」と考えている一方で、月末になるとお金が足りなくなるという現実に、「お金の問題から解放されたい」と毎日のようにお金のことを考えていた。

好きな仕事、幸せな生活といった、人生の夢。

「人生で大切なのは、お金ではない」。そう強がりながらも、お金に縛られている自分。

「夢を達成するには頑張ればいい、頑張っていればいつかは夢が叶うはず」。そう思いながらも、頑張っても頑張っても収入という結果になって現れてこない現実。

いつも、この矛盾と戦っていた。

そんな矛盾ともどかしさにもがいていたあるとき、霧が晴れたように思考が開けた。

「夢」と「お金」という、バラバラに見えた2つのパズルが、1つにつながったのだ。

そのパズルをつなげてくれたのが、「信用」だった。

❸ 収入は信用を数値化したもの

読者の中にも、「毎日遅くまで残業をして頑張っているのに、会社からなかなか評価してもらえない」「同じ会社に勤め続けているのに、給料がほとんど上がらない」と、フラストレーションを溜めている人がいるかもしれない。

高度経済成長の真っ只中にあった1960～70年代は、頑張っていれば、それだけで収入が上がっていく時代でもあった。国全体が経済成長しているという状況は、いわば国民全員が上りエスカレーターに乗っているようなものだ。頑張っていさえすれば、年々、収入が上がっていき、上がり終えれば定年退職という人生の踊り場に到着する。頑張りがそのままお金、つまり収入につながり、悠々自適な老後につながった。

でも、今は違う。

護送船団方式の時代は終わりを告げ、年功序列はほぼ崩壊した。頑張りは収入と直結しない。頑張っているだけで会社から評価され、勤続年数とともに収入が上がるほど甘い世の中ではなくなった。

こうした時代だからこそ、常に肝に銘じておきたいのが、「収入は信用を数値化したもの」であるということだ。

結果を出す人は収入が上がるという必然

「頑張っているのに評価してもらえない」――この論理は、会社側の立場に置き換えて考えると、ひどく一方的な主張であることがわかる。なぜならば、会社にとってみれば、それだけを理由に給料を大盤振る舞いするわけにはいかないからだ。

考えてみれば、当然のことだ。会社にとっても、社員が頑張った分だけ売上げが伸び、利益が出れば問題ないのだが、今の時代はそんなに甘くはない。「頑張っている」ことを心情的に評価しないわけではないが、心情で会社全体が沈没しては本末転倒だ。

しかし、どんな会社であれ、結果を出す人ならば、給料は上がっていくはずだ。

プロスポーツ選手は、結果を出さないと収入が上がらない。誰もがそれを当然のことと理解している。そして、プロスポーツ選手が収入を上げるためには、「頑張っている」という事実だけでは足りない。そこには「結果」が不可欠だ。毎日バットを1000回素振りしていることが評価され、収入が上がるわけではない。

収入が高いプロスポーツ選手は能力が高いとわかる。コマーシャルの出演料が高いタレントは、視聴者からの求心力が高いとわかる。役員報酬が高い経営者は、経営能力が高いとわかる。

会社員の場合も、これと同じ原理に落とし込んで考えると、思考がとてもシンプルになる。

仕事をして収入を得ているということは、その仕事のプロである。つまりプロスポーツ選手がスポーツスキルによって結果を出し、収入を得ているのと同様、会社員として給料を得ている人は、会社員という仕事のプロであるということだ。自らの仕事スキルを活かし、会社の業績アップに貢献をする代わりに、給料という形で収入を得られるのである。

残業という形で働く時間の長さを「頑張っている」。アポイントメント獲得のためにひたむきに電話をかけるという形で「頑張っている」。でも、収入が増えない。「こんなに頑張っているのに、会社にちっとも評価してもらえない」――そんなふうに不満に思っている人がいたとしたら、そこには「結果を出す」という思考が抜けている。結果を出せば、収入は確実についてくる。

「今の会社は完全年功序列制だから、自分がいくら頑張っても、そもそも給料が上がる仕組みになっていない」と思う人もいるかもしれない。しかし、心配は無用だ。

あなたが仕事で生み出す価値よりも収入のほうが低かったら、他の会社から引き抜かれたり、容易に転職できたりすることで収入が上がっていくはずである。

もしも今の会社から適正に評価されていないと考えるのであれば、試しに転職活動をしてみるのがよいだろう。転職活動は、自分の正しいマーケット価値を知るためには、このうえない絶好の場だ。

加えて、もしも本当に収入以上の経済的価値を提供しているのに収入が低いままだったとしたら、あなたが転職することを会社に伝えたとき、会社は必ず「給料を上げるから、辞めずに残ってほしい」と引き留めるはずだ。現在の仕事が営業部門のような直接的に売上げを立てる仕事ではなかったとしても。

アルバイトであったとしても、この原理は不変だ。もしもあなたが、時給1000円分の価値を超える仕事をしていたら、たとえ採用条件に「昇給なし」と記載してあったとしても、時給が上がる可能性は十分にある。給料を上げても、それ以上に会社にとって利益をもたらすのであれば、給料を上げない理由はどこにもないからだ。

こうした視点に立って物事を捉えることを、私は「両面思考」と呼んでいる。

ブックオフコーポレーションの現・取締役会長の橋本真由美さんをご存じだろうか。

タレントの清水國明さんの実姉としても有名だが、彼女が最初に「娘の学費の足しになれば」とブックオフで働くようになったときは、アルバイトとしての採用だった。当時の時給は600円だったという。栄養士の資格を持つ橋本さんは、「カロリー計算とPTA活動くらいしかしたことのない主婦だった」と、とあるインタビューで振り返っている。

しかし、そこから当時の古書店ではありえなかった「立ち読みOK」、女性にも入りやすい清潔感のある店舗づくり、本を作家の名前順に陳列することなど、アルバイトでありながらも貪欲に提案を続けたことで、圧倒的な信頼を得ていく。そして、1年4カ月後には、アルバイトという雇用形態のまま店長に抜擢。さらに、「パートでは労働時間に制約がある。もっと思いっきり働きたい」という理由から正社員にしてもらったという。

朝9時から夕方5時までが正規の勤務時間であったにもかかわらず、朝9時から翌朝5時まで夢中で働くということも頻繁だったという働きぶりと、会社を急成長に導く提案が評価され、取締役、常務取締役を経て、ついには創業者の後を継いで社長に就任した。

このように、長い目で見ると、収入は必ず自分が提供した価値に連動していく。「この人はいくらの価値をもたらしてくれたのか」という結果が、収入として自分に還ってくるのである。

結果には、その結果をもたらした原因がある

そして、忘れてはならないのが、結果があるということは、必ず、その結果をもたらした「原因」があるということだ。

スポーツ選手がオリンピックでメダルを取ったとしたら、その原因は明確だ。並大抵ではないトレーニング、そして並大抵ではないメンタルの強さ、モチベーションの高さという原因がある。その結果が、メダル獲得ということになる。

先ほどの田中将大投手にしてもそうだ。何も彼が天才だということが信用を生み、7年

で161億円という膨大な年俸が支払われているわけではない。それだけの実績を生み出せる努力をしてきたという原因があり、これから先もそうした努力をしてくれるという信用があるからこそ、161億円という年俸が支払われるのだ。

同じアルバイトで時給1000円と、時給1200円という結果の違いも、間違いなく普段の仕事ぶりが原因となっている。こんな経験をしたことはないだろうか。

飲食店で、注文をしようと店員を呼んだ。立て続けに注文を伝えたところ、こちらの顔を見る余裕もなく伝票に書き取っている。そしてマニュアルどおりに注文を復唱し、キッチンへと消えていった。うっすら不安になりながら料理ができあがるのを待っていたら、案の定、注文したものと違うものが運ばれてきた――。

飲食店で注文を取ったり、コンビニエンスストアで会計をしたりする時間は、多くの場合、ほんの数十秒、長くても数分だ。しかし多くの人が、このわずかな時間の中でのやり取りだけで、良い人材か、そうでない人材かを手に取るように感じることができる。

もし他の飲食店の経営者が、その店に食事に行ったときに、たまたま笑顔が素敵で仕事の効率も良いアルバイトを見つけたら、「自分の店で働かないか？　今よりも時給をアップするよ」と声をかけてもおかしくはないだろう。普段の仕事ぶりという原因が、現在の時給以上に値するという信用を生み、それが収入という結果に結びつくのだ。

これらに共通していること。それは、「信用」という軸がなければ結果を呼び込むことはできないということだ。

私が20年以上前に経験した「頑張っているのに評価されない」という経験——その原因は、単に「信用」がなかったからなのだ。命がけで頑張っている人を突き落とそうという人はほとんどいない。経済的利益をもたらしてくれている人から搾取しようという経営者はほとんどいない。「頑張っている」ということだけで収入が上がるわけではないが、収入が上がるという十分条件を満たすためには、「頑張っている」ということで生まれる信用が必要条件なのだ。

幸いにも、現代は高度情報化社会だ。情報技術の発展によって、世界中の1人ひとりが、何をいくらで買い、それについてどう評価しているか、どのくらい満足できたのか、誰とつながり、その相手をどのぐらい信用しているのかが、国境を超え、立場を超えてSNSで言語化され、記録され、公開されている。

これにより、ますます「お金」は現実を客観的に、ありのままに表す最高の道具としての存在感を増している。信用が高ければ、必然的に結果である収入は高くなる。どれだけの信用があるのか、「お金」という道具によってスケルトンに可視化されるのだ。

信用を築き上げることこそ、収入アップの本質だ。それだけではない。築き上げた信用は、人生のどんな場面にも通用する万能のパスポートになる。

❹ マーケットの選択眼で結果としての収入が異なる

これまでの議論を覆すようで心苦しいのだが、ここで1つ重要な補足をしておきたい。

それは、お金は信用を見える化したものである一方、高い信用があるのに、あまり多くの収入を得ていない人や、社会的に見て信用がないのに多くの収入を得ている人がいるという現実である。

それは、信用の結果が収入という数値によって表れる一方で、どこのマーケットにいるのかによって、お金の量（サイズ）が決まってきてしまうという側面もあることに起因する。

たとえば、プロスポーツの世界はどうだろうか。

プロスポーツの世界では結果が信用となり、結果を出している選手は、その業界（マーケット）からの信用が高まり、収入も上がる。これは、どんな種目のスポーツにも共通する原理だ。しかし、どんなスポーツで一流になるかで年俸は大きく異なる。

日本の一流ゴルフプレイヤーは、賞金以外にも、スポンサー料やCM出演料などで1億円を優に超える収入を得ることができる。1億円の収入があるということは、当然だが、誰かが1億円を支払っているということだ。プレイヤーに対する過去の信用から、1億円のコストを支払ったとしても、そのプレイヤーが活躍することによって、それ以上の費用対効果が見込めると判断する企業があれば、1億円を選手に支払うことは何ら惜しい行為ではないからだ。

一方、プロバスケットボールの世界はどうだろうか。

どんなスポーツであっても、その世界で一流になって結果を出すことは並大抵なことではない。当然、プロバスケットボールの世界で一流になって結果を出すことは、ゴルフ同様に血と汗と涙がにじむような努力が必要だろう。しかしプロバスケットボールは、アメリカではとても人気があるが、日本ではそれほど人気がない。たとえ一流になったとしても、そこに費用対効果を見込んでスポンサードする企業はゴルフと比べて格段に少ない。一流のプロバスケットボール選手であっても収入が1000万円を切ることは珍しくないといわれているのが現実だ。

これは一般のビジネスにおいても同様だ。

一流の外資系金融機関と、一流メーカーの工場の作業員で比較するとわかりやすいだろう。

外資系金融機関には、たとえ年間に数億円の給料を支払ってでも、世界中から優秀な人を雇いたいというニーズがある。１人雇うことで新たに数十億円単位の利益をもたらすことができれば、数億円の給料がコストとして上乗せになっても、良い人材を雇用したほうがプラスになるというロジックである。加えて、億単位の利益をもたらすことができる人材は希少価値が高い。需要と供給のバランスによっても、優秀な金融マンの収入は上がっていく。

一方、工場の作業員ではこのロジックが機能しない。ずば抜けて高い信用を獲得できれば、例外的に本社勤務へと引き抜くことがあるかもしれないが、工場で勤務している間であれば、いくら信用が高いからといって給料を何倍にも上げることはないだろう。なぜなら、いくら高い給料を支払ったところで作業能力が何十倍にもなるということは考えづらいからだ。１人の有能な作業員に多額の給料を支払うよりも、開発途上の国に工場を建設し、賃金の安い作業員を数多く雇ったほうが結果的に安上がりになる。

外資系金融機関と比べると、工場のほうがマーケットサイズは大きいかもしれないが、作業員として働ける人の母数も限りなく多いため、給料の原資はその人数で按分されてしまう。

つまり、信用の結果が収入につながるという原理原則には変わりなくても、得られるお金の量（サイズ）は、マーケットによって大きく違ってくるというわけだ。

私たちが収入を上げていくためには、信用をコツコツと積み上げることは当然だが、同時に、その信用が大きな結果となって還ってくるマーケットを見抜く眼力も不可欠だ。この2つが相まってシナジー効果が生まれ、培った信用が大きな収入となって結実するのである。

信用がないのにお金を持っている人がいるのはなぜか

一方、信用がないのにお金を持っている人々もいる。たとえは良くないかもしれないが、マフィアや一部の詐欺集団などだ。

一般社会においては決して信用があるとはいえない人々ではあるが、このマフィアのマーケットには多大な資金がある。そのため、マフィアは潤沢なお金を手にしやすいのだ。とはいえ、すべてのマフィアがお金を持っているかというと、そうではない。お金を持っているのは、マフィアのマーケットの中でも相対的に信用の高い人だ。約束を守らない人、結果を残さない人などは、誰からも何も任せてもらえることなく、お金が入ってこない。

社会的には信用がなくても、その多大な資金のあるマーケットの中で信用を勝ち得ているため、それがお金という結果で表されているのである。

もちろん、どういった仕事に就くかは、収入だけで篩《ふるい》にかけて決めるべきことではない。その選択には夢ややりがいなども含まれていてしかるべきであるし、収入を得やすいからといって反社会的なことを生業にするのはもってのほかだ。

しかし、信用と結果という切り口から捉えたときには、こうした「マーケットを見抜く眼力」の有無も大きな影響を与えているのだということを知っておきたい。

❺ お金と向き合うことは、自らの信用と向き合うこと

私たちは、発言だけで他人を心から信用することはない。信用は必ず、過去の言動、行動、結果に基づいた積み上げだ。

イソップ寓話の1つであるオオカミ少年の話でもそうだが、何度か偽りの発言があると、人は信用を失う。一方で、細かな約束事を守り続けている人は、ここぞというときに信用

によって大きく身を助けてもらえるかもしれない。

信用は、過去の積み上げからしか築くことができない。私たちが今日発言したこと、今日行動したことが、未来から見た過去となり、その過去の積み上げによって人生における万能のパスポートである「信用」が築かれていく。その客観的指標として存在するのが、数値としての「お金」ということだ。

これが信用経済の本質である。

人間的信用と経済的信用

信用には、人間的信用と経済的信用の2つがある。

一般的に、「信用経済」と称する場合には、これら2つのうちの経済的信用を指す。金融の世界では「お金を返す力」という狭義の意味合いで「信用がある」とか「信用がない」などと表現する。資産や収入が高いと経済的信用は高まる。

一方、人間的信用は、友達との約束を守る、期日を守る、発言したことは自ら率先して行動する、といったことで育まれる。スポーツ選手や経営者であれば、「結果を残す」ということも重要な要素だろう。

★「人間的信用」と「経済的信用」

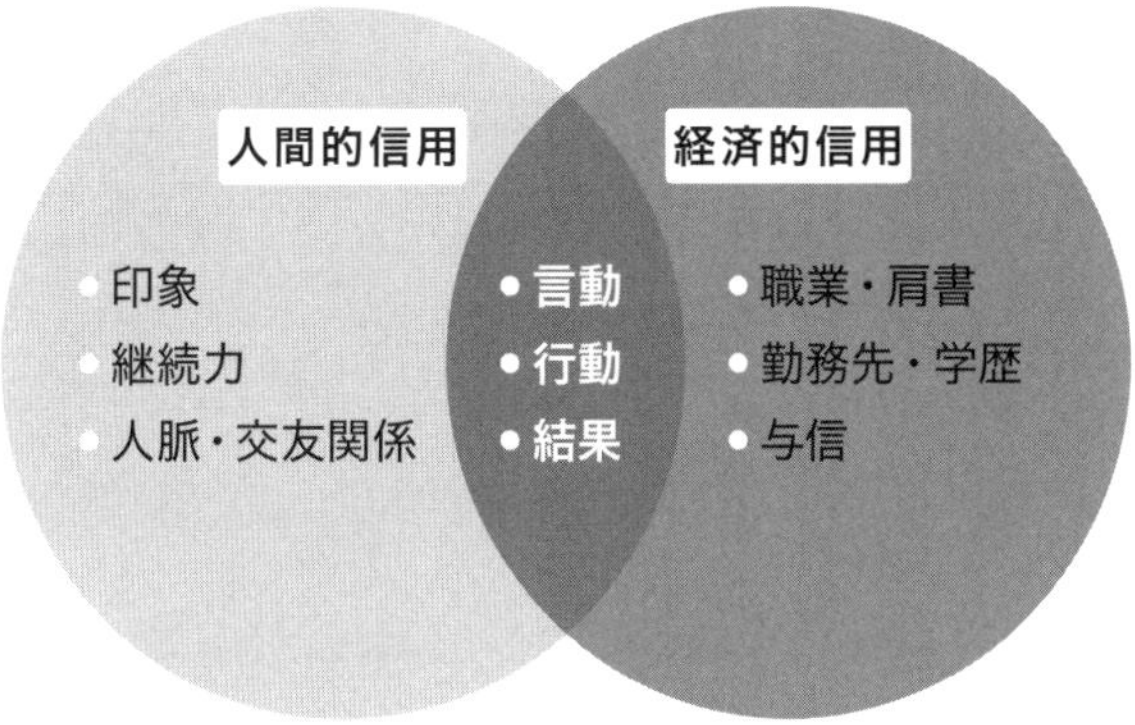

この人間的信用には、周りに人を呼び寄せる効果がある。人間的信用のある人とない人とでは、受ける仕事の量や質が大きく異なる。お金は必ず他人が運んでくるという事実がある中で、この、人を呼び寄せる効果が果たす役割は大きい。言うなれば、人間的信用と経済的信用は車の両輪のようなものなのである。

言い換えると、信用経済の中心にあるのは、職業や肩書、勤務先ではなく、言動、行動、結果が生み出す「人としての信用」そのものなのだ。

学歴社会がなくならない本当の理由

日本は、学歴社会だといわれて久しい。就職活動において学歴が大きく影響することについては賛否両論あるが、「信用」ということを軸にして眺めてみると、その景色は一変する。

就職活動において良い大学を卒業しているという学歴が多少なりとも有利に働くのは、あなたの学力が評価されているからではない。なぜなら、多くの読者が実感しているように、学校で学んだ世界史の年号や数学の因数分解は、実社会ではほとんど役に立たないからだ。

では、なぜ良い学歴があると、就職活動において有利に働くのか。

それは、あなたがこれまで学校で一生懸命目標に向かって勉強してきたということが評価され、信用につながっているからだ。

また、受験して偏差値の高い高校や大学に入学したということは、同じ出題範囲、同じ時間、同じ年齢といった共通ルールの中で勝ち抜いたということだ。同じルールで戦って勝った人には、「ルールをうまく理解し、それを効率良く使う方法を生み出せる人」「同じルールの中で勝ち抜くすべを知っている人」であるという信用が生まれる。学んだ知識そのものに価値があるのではなく、それをコツコツと勉強して身につけ、成績や試験合格、単位取得という成果を挙げたという、あなたの努力の姿勢に価値があるからこそ、学歴が「信用」となるのである。

友人や取引先との約束を守るのも、待合せの時間に遅れずに行くのも、書類を期日までに提出するのも、学歴を得るのも、すべて「信用」という点では同じだ。言動、行動、結果が一致すれば信用は高まるし、そこを怠れば信用は低下する。この日々の行いの積み重ねで、あなたの人間的信用ができあがり、それが経済的信用につながり、信用経済で自由に生きられることにつながっていくのである。

クレジットカードで買い物をする。給料の振り込まれた通帳から住宅ローンを返済する。株券を手にすることなく株式の売買を行う。確定拠出年金の残高をインターネットで確認する——お金が、紙幣や硬貨という「物質」から、単なる「数値」へと変わってきている現代においては、買い物をすることも、働くことも、将来へ向けて貯蓄をすることも、すべて「信用」を軸にしたバーチャルな取引となりつつあるのだ。

私たちが生きる信用経済という社会では、私たちの想像以上に、信用とお金が運命共同体として直結している。つまり、お金について向き合うことは「社会における自らの信用と向き合うこと」と同義なのだ。

このことを理解して日々を送り、物事を判断している人としていない人とでは、努力が報われたと感じる度合いも、周りに集まってくる人の質も、結果として手にできるお金の量も、すべてが大きく変わってくる。

もう一度言おう。お金とは、信用を見える化したものだ。そして、社会はすべてが「信用」を中心に回っている。「あの人は信用できる」と思われるのと「あの人は信用できない」と思われるのでは、何事においても雲泥の差が生じる。

信用経済の中で溺れないためにも、豊かで不安のない生活を送るためにも、正しいお金の教養を身につけ、信用を積み上げよう。繰り返すが、日々、小さな信用をコツコツと積み重ねることで得た大きな信用こそが、人生のどんな場面にも通用する万能のパスポートとなるのだ。

第2章

お金はあなたを映す鏡

❶ お金はその人そのものを映し出す

たとえば、こういうシチュエーションをイメージしてほしい。

まず、あなたがお金を使ったとき、必ずレシートをもらう。クレジットカードで買い物をすることが多い人であれば、その明細でよい。

そのレシートとクレジットカードの明細を1カ月分溜め、私に見せてほしい。

そうすると、何が見えるだろうか。

「すべて」

私には、あなたの1カ月の思考、行動、性格がすべて見える。食生活、飲酒量、趣味、浪費癖、読書量、健康状態、交友関係の広さ……。

さらに、レシートの発行場所を見ると、行動範囲も見えてくる。勤務先と自宅周辺を往復するだけの生活なのか、休日になると遠出をしているのか、フットワーク軽く海外を飛び回っているのか。

お金というものは、それくらい人間をありのままに映し出す。

よく「お酒を飲むと、その人の人間性が出る」といわれる。お酒の席で笑い上戸の人、泣き上戸の人、愚痴ばかり言う人、評論家気取りになる人。その人の本心が出ることも多い。「車を運転すると、その人の本当の性格が出る」ともいわれるが、それら以上に、お金はその人を映し出す。

思考と行動がバランスシートを形成する

1カ月のお金の使い方に加えて、お金との向き合い方を見れば、その人の思考と性格がさらに立体的に浮かび上がってくる。

普段から何にお金を使ったかを管理していない人は、大雑把な性格であることが多い。普段からきっちり支出を管理できている人は、時間の管理や仕事の管理もしっかりしていることが多い。自分の支出に厳しくできる人は、自分を律することができる人であることが多い。逆に、欲しいものがあると我慢できずに支出が増える人は、自分に甘く、生活や人間関係など何事においてもルーズであることが多い。

今すでに多くの貯蓄ができている人は、過去に資金の管理を正しく行うことができてきたという証拠だ。今、収入の高い人は、自分のスキルアップや経験に対して過去にお金を投資したことがわかる。一方、今、仕事もなく生活に苦労している人は、その努力を行ってこなかったということもわかる。

お札の向きをきっちり揃えて財布を管理している人は、几帳面な性格で、友人におごってばかりいる人は、おおらかな性格だといえる。

このように、お金はその人そのものを映し出す鏡となる。

同時に、お金の結果は、私たちの思考と行動の結果であるともいえる。

生まれつき飛び抜けた才能がある人を除き、練習していないオリンピック選手はいない。才能もさることながら、人一倍練習を行い、過去にそれを継続してきたからオリンピック選手になっている。

生まれつきの天才を除き、高学歴の人で勉強をしていない人はいない。

海外で育った人を除き、英語を勉強していない日本人で英語を喋れる人はいない。

全身の筋肉がしなやかに鍛えられている人で、運動をしていない人はいない。

お金についても同じことが言える。

生まれつきの資産家を除き、貯蓄が多いのにお金の管理ができていない人はいない。多額の特許収入や印税収入の権利を相続した人を除き、収入が多いのにスキルアップのための努力をしていない人はいない。

言うまでもなく、オリンピックに出場できるということは、過去にトレーニングを積み重ねてきた結果である。高学歴を得られたということは、過去に勉強を積み重ねてきたという結果である。英語も体格も、間違いなく過去の努力が結果として映し出されている。

同様に今、目の前にあるお金は、私たちの過去の思考と行動が、結果として表れたものだ。思考と行動はまず、収入や支出として表れる。さらにその積み重ねが貯蓄額、もしくは借金などの負債額となり、バランスシート（貸借対照表）を形成するのだ。

あなたの今のバランスシートは、どうなっているだろうか。これがあなたの過去の「額歴」の積み重ねそのものであり、これまでの人生そのものでもあるのである。

❷ 自分のお金から目を背けるな

他人や会社が持っているお金にただならぬ関心を持っている人は多い。「この有名人はいったいどのぐらいの収入があるのだろうか」「同期のあいつは、今いくらぐらい貯蓄があるのだろうか」「この取引先、オフィスを拡張したようだけど、どのぐらいの売上げ規模なのだろう」。付き合いのある雑誌の編集者からも、「給与明細公開」や「隣の家計簿拝見」といった他人のお金について知ることができる企画は読者の食いつきが良いと聞く。それだけ世の中は「他人のお金」に興味津々なのだ。

しかし、自分のお金となると、ついつい現実から目を背けたくなる。これが私たちの本心ではないだろうか。

これはおそらく、私たちは無意識下で、自分のお金は自分自身の思考や行動が映し出されてしまった結果であることを自覚しており、それを直視しなければならないということに恐怖心を抱くためであろう。

実際に、私も昔はそうだった。

毎月、月末になってお金が足りなくなってくると、どう工面するかということばかりに意識が向く。「お金が足りない」という結果から、自分が本来使ってもよい金額よりも多く使ってしまったことが問題だということは痛いほどわかるのに、それを直視することは避けたいという心理が勝ってしまう。そして、本来であれば、今月、自分が何にお金を使ったのかを把握し、翌月はそれを正すという行動をとるべきなのに、場当たり的に事態を乗り切り、根本的な改善もしないままに、翌月もまた同じことを繰り返す。

本書の読者がみな、私と同じような経験があるとは言わないが、大なり小なり身に覚えがある人は少なくないはずだ。

「このままでは収入は先細りになる一方だ」と薄々感じながらも、自己投資や自己研鑽より楽な選択を繰り返して現実から目を背けている人。「このままのペースで貯蓄を続けても、老後の生活資金には到底足りない」とわかっていながらも、資産運用への一歩が踏み出せないままの人。「このままでは家計の赤字が続いてしまう」と嘆きながらも、子どもの習い事を減らす決断ができない人。現実から目をそらし、改善するための行動に移せていないという点では、本質的には変わりがない。

長い時間、現実から目を背け続ければ続けるほど、そうした思考や行動は「習慣」となり、生活の中に沈着していってしまう。繊維の中まで入り込んでしまったシミ汚れがクリーニングしてもなかなか落ちないように、生活の隅々まで沈着していった悪しき思考や習慣から抜け出すのは容易ではない。結果として、「こんなはずじゃないのに」と思いながら、年月だけが過ぎていく。

預金通帳は社会人としてのお金の「履歴書」

お金はあなたを映す鏡だ。先にも書いたように、レシートとクレジットカードの明細を見れば、生活だけでなく、あなたという人そのものが浮き彫りになる。

こうした日々のお金との付き合い方の集大成ともいえるのが、預金通帳だ。

住宅ローンなどで金融機関から融資を受ける際に、残高証明書ではなく、預金通帳のコピーを見せてください、と言われることがある。この意図は、残高がいくらあるのかということを知りたいということだけではない。金融機関が知りたいのは、あなたのお金の生活習慣なのだ。

残高証明書は、「今、いくらの貯蓄があるのか」というエビデンスとしての機能しか持たないが、預金通帳のコピーは、そのまま「お金の履歴書」としての役目を果たす。「今、何の仕事をしているか」ということだけでなく、「これまでどんな人生を歩んできたか」という歴史を知ることができるのが履歴書だ。

預金通帳もしかり。「今、いくらの貯蓄があるのか」という残高だけでは「結果」しか見えないが、過去の入出金の履歴を見れば、これまでの生活の歴史が手に取るようにわかる。そして、毎月の振込みが同じ日に行われているか、どのような頻度でお金を引き出しているか、クレジットカードの利用額の変動の幅がどのぐらいか、といったことを見ることで、あなたの収入や貯蓄残高といった結果からは見えてこない、あなたの素のお金の生活習慣が浮き彫りになる。

金融機関が融資の審査の際に見ているのは、収入がどれだけあるか、いざというときにどれだけ返済余力があるか、といった「経済的信用」だけではない、ということだ。預金通帳という、「お金の履歴書」を通じてあなたの人間的信用が試されている。学歴よりも額歴。そんな社会がすでに到来している。

❸ お金の悪しき生活習慣

ところで、「生活習慣」と一口にいっても、それは「良い習慣」と「悪い習慣」に区別される。この2つの決定的な違いは何だろうか。

良い習慣とは、自分で「やろう」と決めて意識的に行う習慣を指す。

朝起きたら新聞にくまなく目を通す。健康のために30分早く家を出て、2つ先の駅までウォーキングする。帰宅したらすぐに念入りにうがい、手洗いをする。ラジオの英会話講座を欠かさず聞く。毎月一定額を先取り貯蓄に回す。健康に悪い影響を与える油っこい食事は避ける。友人の誕生日には必ず手書きのメッセージを添えて贈り物をする。こうした習慣だ。

一方、悪い習慣とは、気分やその時々の欲求に負けて漫然と行ってしまう習慣だ。起きなければならないのに、目覚まし時計のアラームを止めて二度寝してしまう。目的なくズルズルとネットサーフィンしてしまう。少しの距離でもタクシーに乗ってしまう。健康に悪いとわかっているのにタバコがやめられない。気づけばテレビを何時間も観ている。コンビニに行くと、つい甘いものを買ってしまう。飲みに行くと、ズルズルと2軒、3軒とハシゴしてしまう。

ここからいえることは、良い習慣は意識をしなければ続かないのに対し、悪い習慣は意識をしなければ断ち切れないということだ。意識せずにいると、良い習慣は続かないのに、悪い習慣は続いてしまうというのが常なのである。

悪い習慣を断ち切るのは簡単ではない。なぜならば、習慣には磁力があるうえ、人間はもともと欲求に負けやすい生き物だからだ。

加えて、人間というものは、頭では「どのように行動することが正しいか」がわかっていても、必ずしも合理的な選択をすることができずに行動にバイアスがかかってしまうものであることは、行動ファイナンスの研究でも実証されている。よほどの聖人君子でない限り、「目の前にあるものがとりあえず欲しい」「少しでも楽をしたい」という本能的な欲求に、無意識には抗えないのが当然なのだ。

心が変われば行動が変わる。行動が変われば習慣が変わる。習慣が変われば人格が変わる。人格が変われば運命が変わる。

これは、プロ野球選手として活躍した松井秀喜選手の座右の銘だ。もともとは心理学者・哲学者であったウィリアム・ジェイムズの言葉と言われているが、この言葉には非常に説得力がある。

医者であり、作家としても数々の名著を遺したサミュエル・スマイルズも、その著書『向上心』(三笠書房)の中で次のように述べている。

人格を支える最良の柱となるのは、いつの場合にも習慣である。その習慣に従って意志の力が良いほうにも悪いほうにも働き、場合に応じて慈悲深い支配者になったり残酷な独裁者になったりする。

習慣は、日々の積み重ねだ。そして、良い習慣を続けられれば、松井選手のように人生の可能性を限りなく広げてくれるが、悪い習慣を続けてしまうと人生に大きな悪影響をもたらすのだ。

かかってはいけない「お金の生活習慣病」

近年、高血圧、糖尿病、脂質異常症、肥満などの生活習慣病の蔓延が社会問題化している。こうした生活習慣病の改善に効果があるとされる特定保健用食品の市場規模は年々拡大の一途をたどり、すでに６０００億円を超えているともいわれている。

生活習慣病の原因にあるのは、その名のとおり、日々の「習慣」だ。悪しき生活習慣の日々の積み重ねによって、時には命取りになりかねない大きな病気が引き起こされているという現実が、ここにある。

お金の生活習慣も日々の積み重ねである。ゆえに、健康の習慣と同じように生活習慣病が存在する。詳しくは後述するが、そのほとんどが1回だけなら問題とならなくても、長く続けることでボディブローのように人生を蝕んでいく類のものだ。そして、残念ながら、一般的な生活習慣病と異なり、お金には定期的に健康診断を受ける公的な後押しがない。

気づいたときには、投薬程度では治療ができないほどの致命傷となっている場合も多いのだ。

お金の悪しき生活習慣を断ち切るには、地道な努力が欠かせない。ダイエットをイメージするとわかりやすいだろう。

私自身も過去に経験があるが、ダイエットに無謀な計画は禁物だ。たとえば、「1カ月で5キロ痩せる」といった目標を立てても、それを実現するにはおそらくかなりの食事制限が必要だろう。たとえいったんは目標達成ができたとしても、その後にリバウンドしたり、体調を崩したりといった副作用が待ち受けている可能性は高い。

ダイエットを成功させ、かつダイエット後の体重を基本体重として定着させていくには、3カ月や半年、あるいは1年など、長期のスパンで計画を立て、日常生活に無理がかからない範囲で努力を積み重ねていくことが必要だ。

「お金がない」と日々悩んでいると、「宝くじにでも当たったらいいのに」と一攫千金で一挙にお金を増やそうとする人もいるが、これは1カ月で5キロ痩せようとしているのと同じようなものだ。仮に幸運の女神が味方をしてくれて、高額当選を果たしたとしても、多くの場合、金銭感覚が狂ってしまい、大きな買い物をしたり、無駄遣いをしたり、架空の投資話に騙されたりして、気づけばほとんど残っていないということになりがちだ。そればかりか、自己破産というリバウンドが待っているかもしれない。実際、宝くじの高額当選者の実に7割がその後、自己破産に至っているとも言われている。

収入が増えれば問題は解決するのではないかと考える人もいるが、それもまた多くの場合、違う。

年収1000万円以上の収入があっても、入った分だけ全部使ってしまい、足りなくなったらクレジットカードで買い物をし、ほとんど貯蓄がない。もしくは、「高所得者層である」という自負にかられて、マイホーム、車、子どもの教育、海外旅行と、少しずつの「贅沢」を重ねることで家計が火の車という事例は珍しくない。これは、人間の身体でたとえれば、カロリーの高いものばかりを食べ、お酒を毎日飲んでいるような状態ともいえる。

一見、不況や物価上昇といった経済環境や、たまたま起こった不幸な出来事が原因に思えるお金の問題も、ひもといていくと、本人のお金の生活習慣が最大の原因であったというケースは少なくない。

もし、一時的なダイエットではなく、生涯、健康的なお金のプロポーションを保ちたいのであれば、まずは無駄遣いをはじめとする生活習慣病を正すことが先決だ。そのうえで、毎朝ジョギングをするように貯蓄をしたり、週末にジムでマシントレーニングをするように資産運用をしたり、と地道に良い習慣をつけていくことが重要だ。

いずれにせよ大切なのは、短期間で一気に解決しようとせず、習慣化していくことだ。子どもの頃から何十年と歯磨きの習慣を続けることで、食後に歯磨きをしないと気持ちが悪いと感じるように、良い習慣も、何年も続ければやがては意識しなくても当たり前のように生活に溶け込むようになる。こうなればしめたものだ。

代表的な5つの「お金の生活習慣病」

では、お金の生活習慣病にはどのようなものがあるのだろうか。

多く見られるものとしては、次のようなものが挙げられる。

①コンビニやスーパーでつい余計なものを買ってしまう

会社帰りに、意味もなくコンビニやスーパーに立ち寄る習慣はないだろうか。

コンビニやスーパーは、行動心理学をもとに綿密な売り場作りがなされている。

たとえば、レジの脇には、チョコレートや和菓子など、単価の安いちょっとした商品が置いてある。レジで並んでいる間にこうした商品を追加で購入した経験がある人は少なくないだろう。私も例外ではない。

これは「一貫性の原理」という心理学の法則に基づいている。人は、ある商品を「購入する」と決めた瞬間から、その店で一貫した購買行動を取ろうとする心理が働く。そのため、レジに並んでいる人は、「購入する」という行動の延長上にある「ついで買い」には寛容になり、当初の予定になくてもレジの脇にある商品をつい買ってしまうのだ。

こうした不要な買い物を防ぐためには、まずはコンビニやスーパーに行く回数を減らすこと。そして、購入する前に「本当に必要なものだろうか」と立ち止まって考える習慣が必要だ。

②安いときにまとめ買いをしておく

価値あるものを割安に手に入れることができる割引セールや特売品は、消費者にとって強い味方だ。しかし、安いということを言い訳にして、本来は必要のないものまで買っている可能性はないだろうか。

近年は、コストコに代表される業務用の大型スーパーが一般消費者の間でも人気を博している。しかし、確かに単価としては安くても、量が多すぎて食べ切れなかったり、最後まで使い切れなかったりしては、結局はかえって高くついてしまう。

また、まとめ買いをすると、消費スピードが速くなるという側面もある。ビールをよく飲む人ならわかるかもしれないが、ビールを箱買いして置いておくと、都度買いしたときに比べて「たくさんあるから」とか「割安な価格で購入しているから」と、飲む量が増えやすい。

③ストレス解消を言い訳に、衝動買いや飲み会がやめられない

仕事などでつらいことがあったとき、高い買い物や食事によってストレス発散をする習慣はないだろうか。

これは、お金を使うことと引き換えに「ストレスを忘れさせてくれる楽しい刺激」を購入する行為だが、多くの場合、その場限りのストレス解消にしかならない。それだけでなく、あとになって「ストレス発散のために浪費をしてしまった」という罪悪感が残り、かえってストレスが溜まるという皮肉な結果にもなりやすい。

ストレス発散を言い訳にした浪費の習慣をなくすためには、ストレスの溜まっていない平常時に先回りしてストレス発散法を考え、手帳などに箇条書きでメモしておくのが効果的だ。「お気に入りの入浴剤を入れてゆっくり湯船に浸かる」「好きな洋楽を聴きながら海岸線をドライブする」「公園を30分散歩する」など、できるだけお金のかからないことを

挙げておくと、ストレス発散のための衝動的な出費を減らすことができる。

④宝くじを買う

2015年の年末ジャンボ宝くじの1等（7億円）は37本、1等の前後賞は54本。単純に考えると、合計100人近くの億万長者が生まれたことになる。

しかし、ジャンボ宝くじは、1ユニット（2000万枚）を1組として、その中で1等が1本出る仕組みだ。単純計算で当選確率は2000万分の1となる。

この2000万分の1という確率がどのようなものなのか、試しに言い換えてみよう。

- 収容人数4万5000人の東京ドームの444倍のホールの中から1人が選ばれる
- 800キログラム（米約27俵）の米の中から1粒の米を探し出す

このように聞くと、気が遠くなるくらい低い確率だということがわかるのではないだろうか。

日本人が1年間に交通事故に遭う確率は1000分の9という話もある。これに照らすと、宝くじに当たるよりも交通事故に遭う確率のほうが圧倒的に高いともいえる。

宝くじに限らず、競馬、競輪、パチンコといったギャンブルは、胴元が確実に儲かるシステムになっている。

宝くじの配当率（売上げのうち、当選金額として支払われる割合）は45〜48％といわれる。競馬の75％、パチンコの80％と比較しても、宝くじは還元率が非常に低く、割に合わない出費ということだ。「当選発表までの夢を見る時間を買っているのだ」と開き直れるのであれば止める理由はないが、経済合理性の観点からは、ほとんど損失しかないということを正しく認識したい。

⑤セールをしていたら「買わないと損」と思ってしまう

通常価格では高いものが、セールで5割引や7割引などになっている。そんなときに「何か買わないと損」と焦る気持ちになってしまうことはないだろうか。

普段より安い金額で買えるという点では、セールを利用すること自体は間違ってはいない。しかし、それはあくまでも、本当に必要なものを買う場合のみに当てはまる理屈だ。セールだからと、もともと予定になかったものまで購入してしまえば、単なる無駄遣いということになる。

セールでは、定価5万9800円のスーツの値札に赤い線が引かれて2万9800円に書き直されているといった光景がよくある。この値下げ幅だけを見て「安い」と思うのは早計だ。本当にセール前にこの定価で売られていたという保証はどこにもない。加えて、もともと5万9800円の価値がある商品かどうかもわからない。

行動ファイナンスで考えると、セールは「アンカリング」というマーケティングの王道の手法だ。アンカーとは錨《いかり》のことだ。定価を見せることで、その価格が錨を下ろすように「基準値」として脳内にインプットされ、本来の価値とは関係なく、値引き後の2万9800円を「安い」「お得」と感じさせることができるというわけである。

また、「残りあと◯個」「タイムセール」といった表示や、カランカランと鐘を鳴らしてセールであることを知らせたりする手法も、「希少性の原理」という心理法則を用いた巧みな戦略だ。

❹ 質素・倹約だけが「美徳」ではない

このようにお金の生活習慣病を並べると、「なるべく余計なものを買わない」ということが、正しいお金の扱い方のように受け止められてしまうかもしれない。

しかし、誤解してほしくないのは、これらはあくまでも悪しき習慣について解説しているだけであって、「なるべく余計なものを買わない」ということが、良い習慣とイコールではないということだ。

これまでの日本では、長い間「質素・倹約」が美徳とされてきた。多くの人が、小さな頃から両親に「無駄遣いはいけないこと」と教わり、お年玉は使わずに郵便局や銀行に預けるということが、正しいあり方とされてきた。

こうした伝統的な価値観の背景にあるのが、1946年に終戦と時を同じくして始まった「救国貯蓄運動」だ。国民が貯蓄に励むことで通貨の安定を図ろうとする国の主導によって、国民の中に「貯蓄をするのが正しいお金の扱い方」という価値観が育まれていったのである。

しかし、経済がグローバル化し、価値観も生き方も多様化している今、私たちはその常識を脱ぎ捨てなければいけない。時代の流れに合った使い方、自分に合ったお金の使い方ができなければ、お金という道具を人生の味方につけ、真に豊かな生活を送ることは難しい。無駄遣いせず、節約できる人が絶対的に「お金を扱うスキルの高い人」とされる時代は、すでに終焉を迎えようとしている。

このように述べると、現在、40代後半～50代の読者であれば「むしろバブルの頃は、今よりも派手な消費の文化があったのでは」と思うかもしれない。それももっともな指摘であろう。

しかし、バブル景気の当時は、さほど物価が上昇しない中で収入だけがぐんぐん伸びた。そのため、自分に合ったお金の使い方をするという思考よりも、「自分をより良く見せるもの」「生活をより豪華に見せるもの」という見栄にお金を使おうという思考のほうがはるかに強かったのではないか。

そして、バブル崩壊後にやってきたのが、「失われた20年」である。見栄のためにお金を使っていたバブル時代は一転、反面教師とされ、再び節約が美徳とされる時代が到来する。長い長いトンネルの出口が見えない中、将来の不安を消すためにコツコツと節約をし、貯蓄を増やしていった。

その結果が、今のシニア層の貯蓄額であろう。総務省の家計調査（２０１４年）によれば、２人以上の世帯のうち、世帯主が60～69歳の平均貯蓄額は２４３４万円、70歳以上は２４５２万円。全年齢階級の平均１７９８万円の約１・４倍となっている。もちろん退職金も含まれてはいるだろうが、「将来の不安に備えて」「老後のために」と地道な努力を重ねた結果が大きく表れているのも揺るぎない事実であろう。

節約と引き換えに失っている大切なもの

しかし、コツコツと節約をすることと引き換えに、実は私たちは大切なものを失っている。

それは、「経験」だ。

支出を見るとその人の思考と行動がわかる、ということは前にも述べた。言い換えると、支出を減らすということは、思考や行動を制限するということでもある。

自分の視野を広げてくれるであろう海外旅行に行かず、お金を貯めるという行動。自宅や会社からほとんど動かずに生活をすることで、支出を抑えるという行動。これは、たくさんのことを経験し、自分の器を広げるという「チャンス」を自ら捨てる行動でもある。こうしたチャンスを犠牲にすることと引き換えに、貯蓄をしているということなのだ。

夫たちの小遣いもその象徴だ。

新生銀行の調査によれば、会社員男性の1カ月の小遣いの平均額（2014年）は3万9572円となっている。ここから拠出しなければならないものの内訳はそれぞれの家庭で異なるだろうが、いずれにしても自由になる金額はかなり少ないのが実態だ。

近年、女性の社会進出が急速に進んできてはいるが、多くの家庭では、依然として夫が稼ぎ頭だ。「マミー・トラック」という言葉が一部で社会問題化していることからもわかるように、たとえ妻が能力の高い女性であったとしても、結婚・出産を経て男性と同水準の収入を得続けるということは容易ではないのが現実だろう。

あなたが企業の経営者だったとしたら、最も大きな売上げや利益をもたらしている事業に対して、さらなる投資をせずに経費の節約を図るという判断を下すだろうか。おそらく、そのような判断を下したら、その事業の拡大は望めず、企業全体が先細りしていく一方だろう。

小遣いを制限するということは、家庭内で最も大きな売上げや利益をもたらす事業に対して、投資をせずに経費の節約を行っているということにほかならないのだ。

小遣いを制限することによって、経験をするというチャンスが犠牲になれば、器は広がりにくい。器が広がらなければ当然のこと、収入も劇的には上がらないだろう。そればかりか、IT化、グローバル化が進む時勢の中にあっては、成長せずその場に留まるということは相対的な下降さえ意味する。

収入が上がらないとなったら、貯蓄を増やすために残された答えは、「さらなる節約」しかない。よって、「お金を使うことは悪」とばかりに、さらにモノを買うことを抑制し、行動範囲を抑制する。こうして、お金によってさまざまな制限を受ける、悪いスパイラルの人生ができあがっていくのである。

こうした悪いスパイラルに陥らないためには、たとえ将来が不安でも、貯蓄一辺倒ではなく、意識的に「お金を使う」ということが不可欠だ。

お金を使い、経験を積み、思考と行動を広げる。それも、バブル当時のような自分や生活を見栄で着飾るための消費ではなく、クリエイティブな経験や生活を快適にするためのサービス、自分を磨くための時間に投資をする。こうした積み上げにより、器が広がり、収入が上がり、自分らしいライフスタイルが構築でき、真に豊かな人生へとつながっていく。

先入観を脱ぎ捨てる

お金を使うことを真に豊かな人生へとつなげていくためには、知らず知らずのうちに染みついてしまった先入観をいったんすべて脱ぎ捨てる勇気も必要だ。

たとえば、あなたの中にこうした価値観はないだろうか。

- 大企業に就職すれば安定した収入が得られる

- 節約は美徳だ
- 額に汗して働いたお金は美しい
- 子どもが生まれたら学資保険に加入すべき
- マイホームを買ってこそ一人前
- 資産運用はギャンブルのようなもの
- 住宅ローン以外の借金はしないほうがいい
- お金の預け先は預貯金が一番安全
- 生命保険には入らなければいけない
- 年収が上がらなければお金が貯められない

もし、当てはまるものがあったとしたら、自分に問うてみよう。その価値観はどこからやって来たものだろうか。

それが、自らの経験に基づくものであれば、それでもよい。しかし、子どもの頃の家庭環境や、両親からの教えによってできあがった価値観であるならば、一度は思い切って脱ぎ捨ててみることが必要だ。

なぜなら、誰もが体感しているように、世界は驚くべきスピードで変化をしている。

「サザエさん」の世界観との違いをイメージするとわかりやすいかもしれない。20〜30年前は、スマートフォンはおろか、携帯電話も普及していなければ、インターネットもない。当然、ネットショッピングもネット通販も、ネットバンキングもない。海外旅行に行けるのは一部の裕福な家庭で、英語を話せる人などごくわずか。持ち家で3世代同居が当たり前。ネット生保もネット証券もなく、個人が資産運用をするにはまとまったお金が必要だった時代である。十年一昔というが、その何倍もの隔世の感があるのは否めないだろう。

両親の教えがすべて無意味とはいわないが、ことお金の使い方に関して言えば、残念ながら昔の常識は今の非常識といってよい。こうした先入観をそのまま受け継いでしまうと、図らずも人生にブレーキがかかってしまう結果になる場合が多いのだ。

たとえば、本当に「住宅ローン以外の借金はしないほうがいい」のだろうか。

「借金は良くない」というすり込みがあると、どんな借金もしないほうがよいと考えてしまうが、借金にもいろいろある。

不動産で資産運用をしようと思ったとき、現金だけでは購入できる収益物件が限られてしまう。しかし、金融機関から融資を受けることでレバレッジを効かせれば、自分が出せる資金の何倍もの収益物件を買うことができる。物件にもよりけりだが、しっかりと勉強してから臨めば、何十年にわたって安定した収入を得る仕組みを構築することができる。それこそ、コツコツと貯蓄をするよりもはるかに効率良く、老後の生活資金の準備をすることが可能だ。

翻って、住宅ローンはどうだろうか。

持ち家神話が浸透している日本では、住宅ローンを組むことに対する抵抗感がきわめて薄い。そのため、借金という言葉には悪いイメージを持っていても、こと住宅ローンに関しては例外、と思っている人が少なくない。「マイホームは資産になるから」と、当然のごとく30年、35年といった長期で住宅ローンを組む。

しかし、である。数千万円の住宅ローンを組んで購入したその不動産は、収益を生まない。つまり、返済の原資は、自分たちが働いて得る収入だ。買ったが最後、30年、35年と、毎月の給料から返済を続けなければならないのだ。

万が一のことがあって亡くなれば団体信用生命保険から保険金が下りるし、最近ではガンや脳卒中などの重大疾病と診断された場合にも返済を免除される住宅ローンも登場している。しかし、通常の病気やケガで仕事を長期間休まなければならなくなった、勤め先からリストラされた、両親の介護で仕事が続けられなくなった、勤め先が業績不振で給料が大幅に下がったといった場合に、代わりにローンを返済してくれる人は誰もいないのだ。

このように考えると、金額も大きく、返済期間も長期に及ぶ住宅ローンは、むしろ収益物件を購入する場合の融資よりも、リスクの高い借金ともいえるのだ。

日本ではお金に関する教育が、義務教育でほとんど行われていない。したがって、両親からの教えが、私たちの先入観の多くを占めている。しかし、残念ながらそれは20〜30年前の生活環境に基づいた固定概念に縛られており、今の時代に適したものではない場合がほとんどだ。「お金の教養」を高めようと考えている私たちは、まずそのような先入観を捨てるところから始める必要がある。

お金はあなたを映す鏡

お金の使い方は、その人そのものを映し出す。本書は「お金の教養」を高めることの重要性について述べたものであるが、突き詰めて考えれば、お金はあなたの知性、思考、人間性といった「教養」そのものなのである。

だからこそ、先入観を捨て、内なる自分と対峙し、「一度しかない人生をどう生きたいのか」「自分にとっての本当の豊かさとは何なのか」を考え、それを実現できるお金の使い方をしていこう。

第3章

お金とは何か

❶ 「お金」とはそもそも何なのか

私たちの多くは、将来、社会に出てお金を得られるようになることをゴールとして、長い年月を使って勉学に励み、高い学歴を得て、良い会社に就職することをめざす。そして、就職してからも、1日の中の大半の時間を使って働き、給料を得る。さらに、得た給料の中からコツコツと貯蓄に勤しみ、その残高に一喜一憂する。

人生が、命の期限を迎えるまでに与えられた時間そのものだとしたら、その時間の多くを「お金を得ること」に使っているともいえる。

そこまでして得たい「お金」とは、そもそも何なのだろうか。

中学や高校の社会科や大学の教養科目で「経済」について学ぶことはあっても、「お金とは何か」という本質的な問いについて学ぶという機会はほとんどない。生活をしていくうえでお金は切っても切り離せないものであるにもかかわらず、そのお金そのものと真っ向から向き合い、考え抜くという経験をほとんどしないままに、私たちは毎日、家族同然にお金と顔を合わせているのだ。

このような矛盾が起こっている背景には、生活をするうえでお金が不可欠であるということはわかっているにもかかわらず、心のどこかでお金を「汚いもの」「卑しいもの」として遠ざけていたいという気持ちが働いている、ということがある。

「成金」「拝金主義」「金の盲者」といった言葉からも、「金持ち」といった何気ない言葉からも、お金に対するネガティブな空気が伝わってくる。政治家の汚職がワイドショーで報道されるときには、必ず「政治とカネの問題」などと、故意に汚い印象を与える表現が使われる。

このような風潮が根強く残る中で、「お金が好き」と公然と発言するのには確かに勇気がいるだろう。仲の良い友人同士や親子間、時には夫婦間でさえ、お金の話をするのは、はばかられるという話もよく聞く。

お金を味方につけ、真に豊かな人生を送りたいのであれば、私たちはまず、こうしたお金に対するネガティブな先入観や感情を捨て去らなければならない。そして、お金と真っ向から向き合い、より豊かな人生を送るためにお金とどう付き合うべきなのかを真摯に学ぼうとすることから始めなければならないのだ。

大好きなのに思い出せない

私が2002年に創立し、代表を務める「ファイナンシャルアカデミー」では、年に1回、「お金の教養フェスティバル」というイベントを開催している。毎回、各界の著名な講師をお呼びし、数千人の人が参加しているのだが、その中で印象に残っているシーンがある。

2014年に行われた講演の中で、講師がその場で1人の参加者を指名し、壇上に上がってもらった。そこで「ホワイトボードに千円札の絵を描いてください」とお願いしたところ、長方形で、左右に金額が記してあり、中央に楕円形の透かし部分があるということはわかっても、それ以上の細部がほとんど思い出せないのだ。

果たして、あなたは千円札の絵をどれだけ精緻に描けるだろうか。

私たちのほとんどは、毎日のように千円札を目にしている。誰もがもらったら嬉しいし、道端に落ちていたら拾いたくなるだろう。言ってみれば「大好き」な存在のはずである。

目の輪郭、まぶたが一重なのか二重なのか、髪の色や質、肌の色、ホクロの位置――恋愛であれば、大好きな人の顔はかなり鮮明に思い出せるはずだ。それなのに、お金となると、大好きなはずなのに、ぼんやりとしか思い出せない(我こそはと思う人は、実際にやってみてほしい)。お金とはかくも不思議な存在なのだ。

そして、もう1つ不思議なのが、なぜ形や色、描かれている絵柄が異なるだけで、価値が全く異なるのか、ということだ。

1円硬貨と1万円紙幣の重さは、どちらも同じ1グラム。1円硬貨は、アルミニウム100%で作られている。対する1万円紙幣は、見た目のとおり、紙で作られている。その原価はどちらも3~20円ほどだが、価値には1万倍もの開きがある。その差がどこから来るのか、と問われると、説明は容易ではないだろう。

お金とはそもそも何なのか。日々密接にかかわりながらも、このシンプルな命題でさえ、なかなか答えられない。それがお金というものなのだ。

❷ お金の3つの機能

お金には、大きく3つの機能がある。

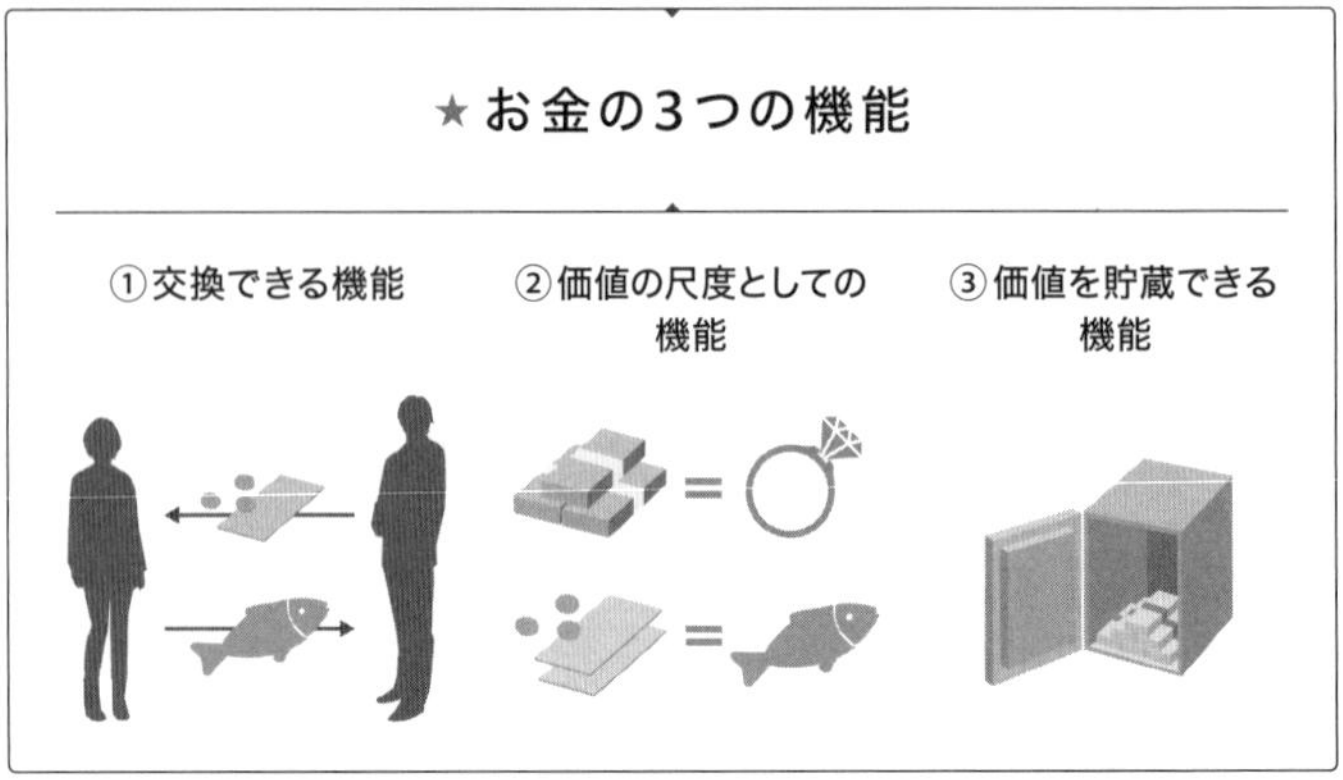
★お金の3つの機能
①交換できる機能
②価値の尺度としての機能
③価値を貯蔵できる機能

1つ目は、「モノやサービスと交換する手段としての機能」だ。日本中、世界中のどこのお店でも、決められた額のお金を出すことで、すぐに欲しいものが手に入る。これは、貨幣が普遍的な交換機能を持っているからだ。

2つ目は、「価値を測る尺度としての機能」だ。100円で売られているものと、1万円で売られているものがあったとすると、おそらく1万円のほうが価値の高いものだろうということが想像できる。モノの価値を「お金」という公平な物差しで測り、数字として表すことができるということだ。

そして3つ目が、「価値を貯蔵しておくための機能」だ。今すぐ使う必要がなければ、貯めておくことができる。いわゆる「貯蓄」だ。何年、何十年と貯めておいても、お金は腐ることがない（価値が落ちることはあるかもしれないが）。必要となれば、いつでもそのお金を使ってモノやサービスに換えることができる。これが将来への不安の払拭や人生の安心感につながる。

それぞれについてもう少し詳しく見ていこう。

機能その① モノやサービスと交換する手段としての機能

かつて「お金」というものが存在しない時代には、流通はすべて魚や肉などとの物々交換で成り立っていた。

しかし、それでは自分が何かを欲しいと思ったときに、相手も自分が持っているものを欲しいと思ってくれないと交渉が成立せず、欲しいものを手に入れることができない。

その点、お金はどうだろうか。お金を使えば、相手に求められた金額を差し出すことで、欲しいものをすぐに手に入れることができる。

それはたとえ海外であっても可能だ。日本円を米ドルなどの現地通貨に交換して持っていけば、海外でも日本国内と同様に不自由なく欲しいモノやサービスを手に入れることができる。

昨今では、特にネットショッピングにおいて、この機能の利便性が顕著だ。数値データとしての「お金」を介在させることで、実際に現金をやり取りしなくても、いつでもどこでも買い物をすることができる。

機能その② 価値を測る尺度としての機能

価値を測る尺度としてのお金の機能は、その中でさらに3つに分けられる。

1つ目は、「モノやサービスの価値を測る尺度」。2つ目は、「通貨の価値を測る尺度」、そして3つ目は、「社会的な価値や評価を測る尺度」だ。

たとえば、コンビニでは淹れたてのコーヒーを1杯100円程度で購入することができる。一方、同じコーヒー1杯でも、スターバックスなら300円前後だ。こうした場合に、「どちらのほうが価値が高いか」をお金を基準として比べることができるというわけだ。なお、後で詳しく述べるが、ここで測れる価値は、いわゆる「交換価値」と呼ばれるものだ。

2つ目の「通貨の価値を測る尺度」とはどういうことだろうか。

一口に「お金」といっても、世界を見渡すと、日本円もあれば、米ドル、ユーロ、人民元など、さまざまな通貨が流通している。海外で買い物をしたり、モノを輸出入したりするときには、これらの通貨同士で相対的な価値を比べ、交換する必要が出てくる。このとき使われるのが、いわゆる外国為替レートだ。

ちなみに、通貨の価値を測る場合、ほとんどの人は当然のように自国の通貨を基準にする。日本に住んでいる私たちであれば、「1ドルは何円か」「1ユーロは何円か」と思考するのが常だ。反対に、普段は米ドルを使っている国に住んでいる人々は、「1円は何ドルか」「1ユーロは何ドルか」という思考で通貨の価値を測る。

海外に出かけると、現地のホテルや両替所で表示されている為替レートが日本とはまったく異なる数字になっているのは、この基準の違いによるものだ。日本円を基準にすると「1ドル＝110円」でも、米ドルを基準にすると、「1万円＝90・90ドル」と表されることになる。

3つ目は、「社会的な価値や評価を測る尺度」だ。

モノやサービスの価値を測る場合でも、「高いもの＝良いもの」であると推測できるように、人についても、「年収が高い人＝仕事のスキルの高い人、社会から必要とされている人」ということがわかる。

「権利」の社会的価値もお金で測ることができる。特許権や不動産の所有権や借地権、地上権がその代表だ。

2012年10月に、東京駅丸の内側の赤レンガ駅舎がリニューアルオープンしたが、JR東日本は、この保存・復元工事にかかった約500億円の費用を、使われなかった建物の容積率、いわゆる「空中権」を売ることで調達している。

近年では、二酸化炭素の排出権もお金で売買されるなど、お金の「価値を測る尺度」としての機能は、ますますその範囲を広げつつある。

機能その③　価値を貯蔵しておくための機能

お金が存在しなかった時代には、流通は魚や肉などとの物々交換によって成り立っていた。しかし、魚も肉も、時間が経てば腐ってしまうため、価値を保存することができないという決定的問題があった。

そこで登場したのがお金という画期的な「道具」だ。しまっておくのにも、持ち運ぶのにもかさばらない。すぐに使わないなら貯めておき、自分の好きなタイミングでモノやサービスと交換することができる。腐ることもない。

また、お金は貯めておくことで、別の価値を生み出す。それは、目に見えない「安心」を得ることができるということだ。50万円を貯めていれば50万円分の安心、3000万円を貯めていれば、3000万円分の安心を得ることができる。

仕事に対する不安、ケガや病気に対する不安、老後の生活への不安など、人が将来に対して感じる不安は尽きない。こうした不安を払拭し、チャンスを逃さずにやりたいことを実現していくための安心料としても、お金は大きな機能を果たす。

❸ お金の歴史

私たちは、貨幣経済の中に生きている。貨幣経済では、お金さえあれば、ほとんどのモノやサービスを手に入れることができる。

しかし、ここに行き着くまでにはさまざまな変遷の歴史がある。

小中学生の頃に社会科で習ったように、太古の昔には、物々交換が流通のすべてだった。しかし、これでは相手が自分が持っているものを欲しいと思ってくれないと交換が成立しない。そこで徐々に貝殻や布、穀物など、収集したり分配したりすることが容易で、持ち運びや保存のしやすいものが交換を媒介するものとして重宝されるようになっていく。

日本における最古の通貨は7世紀（飛鳥時代）の「富本銭」とされているが、その後も12〜14世紀の鎌倉時代まで布や着物、米や調度品を物々交換するという文化が続いていく。昔話にも、魚を釣ったり、着物を織ったりし、それを町に持っていって米と引き換えるといった場面がたびたび出てくることでもおわかりだろう。

世界で最も古い貨幣として記録が残っているのは、古代メソポタミアだ。ここでは、取引をする都度、金属の重さを量り、その重さを価値の単位として支払っていた記録が残っている。紀元前14世紀頃に描かれたとされるエジプトの古代壁画にも、金属の重さを天秤で量っている図が残されている。

現在、歴史上知りうる硬貨の中で一番古いのは、紀元前7世紀に、現在のトルコにあるリディア王国で作られた硬貨だ。「エレクトラム硬貨」と呼ばれる、金と銀の合金で作られたこの硬貨の特徴は、重さの異なるものが何種類か作られていたことにある。この重さの違いによって、硬貨ごとの価値の違いを出していたと推測される。

ここに端を発し、硬貨は、物々交換の媒介に便利な道具として確固たる地位を確立し、急速に世界中に広がっていく。お金の歴史の第1の転機だ。そして、世界のあちこちで、金貨や銀貨という形で独自の硬貨が流通するようになっていった。

「改鋳」という転機

そこで何が起こったか。

経済が発展し、硬貨を介在させた交易の量が増えるにつれて、硬貨を製造するために必要な金属が慢性的に足りなくなってきたのである。

そこで迎えた第2の転機が、「改鋳」だ。

改鋳とは、金や銀など希少価値の高い金属に、銅をはじめとする供給量が多く価値の低い金属を混ぜて、「カサ増し」をするという方法だ。これによって、これまでは「硬貨の価値＝金属が持つ価値そのもの」だったところから一転、金属の価値としての裏づけが足りなかったとしても、硬貨としての価値が認められるようになっていく。

さらに時代が進むと、経済はますます加速度的に発展を遂げていった。そうなれば、いくら改鋳を繰り返し、金や銀の濃度を薄めたとしても、硬貨が足りなくなる。加えて、交易の範囲が広がるにつれ、重量のある硬貨を遠くまで運ぶことが難しくなってくる。そこで誕生したのが、紙幣の原型である「小切手」だ。

商人が、隣国へ交易に行く前に両替商に金貨300枚を預ける。すると、両替商はその預り証として金貨300枚分の「お金の引換券」を渡す。商人はそれを持って隣国へ行き、仕入れたものの対価として、その「引換券」を相手に渡す。渡された相手が、両替商のところに「引換券」を持っていけば、金貨300枚を手にできる、という仕組みだ。

やがてこの「引換券」は、それ自体が硬貨と同様の、いやむしろ硬貨よりも価値の高いものとして一般的に使われるようになっていく。紙切れが、「紙幣」としての意味合いを持ち始めたのだ。

中央銀行の誕生

しかし、進化は一筋縄ではいかない。

紙幣が価値を持つためには、ただの紙切れではなく、金貨何枚分かと確実に交換できるという「信用」が必要だ。

当時、紙幣の発行体はさまざまであったが、中には交換能力が足りなくなって破綻したケースもあった。1656年に設立された、スウェーデンの民間銀行であるストックホルム銀行がその代表的な例である。

ストックホルム銀行は、ヨーロッパで初の紙幣を発行したが、財政難に陥ったことで破綻に追い込まれる。そこで、スウェーデン議会の監督の下、1668年に設立されたのが、現在のスウェーデン国立銀行だ。

続いて1694年には、現在のイギリスの国営銀行であるイングランド銀行が設立される。この後も続々と各国で国営による中央銀行が設立され、その信用によって紙幣は交易に欠かせない道具としての地位を急速に確立していった。

金本位制の時代へ

次なる転機は、中央銀行誕生の約150年後、1816年にやって来る。同年、産業革命によって金融大国となったイギリスが、世界で初めて「金本位制」を採用したのである。

金本位制とは、中央銀行が、発行した紙幣と同額の金を常時保管することで、金との兌換を保証するという制度だ。

それまで中央銀行の目に見えない「信用」によって保っていた自国の紙幣の価値を、金という実物資産の価値によって保証する。このことは、紙幣の歴史に大きなパラダイムシフトをもたらした。

その後、イギリスに大きな幸運が訪れる。1770年にキャプテン・クックによって植民地としたオーストラリアで、1851年、世界最大の金鉱が発見されたのだ。

カリフォルニアに次ぐゴールドラッシュとなったオーストラリアで続々と採掘される金。イギリスは、このあふれるほどの金を裏づけとして金本位制を維持し、世界の中で圧倒的な覇権を握っていった。そして1816年、イギリスの通貨である「ポンド」が世界初の基軸通貨となるとともに、「世界で最も金を大量に保有している国の通貨が基軸通貨」という世界の常識ができあがっていったのである。

しかし、イギリスの覇権は永久には続かなかった。第1次世界大戦まではポンドが基軸通貨としての地位を保っていたが、イギリス経済は膨大な軍事費により疲弊していく。そして、第2次世界大戦が終わる頃には、イギリスに代わって世界一の金保有国となったアメリカが世界の覇権を握ることになる。

第2次世界大戦末期の1944年7月にアメリカのニューハンプシャー州ブレトンウッズで結ばれた「ブレトンウッズ協定」で、米ドルを基軸通貨とするとともに、「金1オンス＝35米ドル」に固定することが定められる。同時に、各国の通貨の、米ドルに対する交換比率も定められた。ポンドが基軸通貨であった時代は100年ほどで終わりを告げたのだ。

世界中の金を集め、自国の通貨を基軸通貨としてのし上がらせたアメリカは、当時、世界中の金の75％を保有していたといわれている。その保有量は、1950年代前半で約220億ドル相当に及んでいた。

金本位制の落とし穴

こうして見ると、米ドルが基軸通貨にのし上がることができたのは、「金本位制」という仕組みがあったからこそといえるが、その金本位制とて万能ではなかった。むしろ、決定的な弱点があったのだ。

その弱点とは、「中央銀行が保有している金と同額までしか紙幣を発行できない」ということだ。「金と交換できる」という信用を裏づけとして紙幣の価値を維持するのであるから、当然といえば当然のことといえるだろう。

好景気が続けば、このこと自体に問題はない。しかし、残念ながら現実は厳しかった。ソ連との冷戦、そしてベトナム戦争によって増大する軍事費の負担。その債務を返済するためには、紙幣の発行を増やすしかない。

それとは裏腹に、「有事の金」とばかりに、実物資産である金の人気は上昇する一方だ。金が買われたために、アメリカの金の保有量は、1960年末には30億ドル以上も減少する。そして本来、金本位制の下では保有している金と同額までしか紙幣を発行できないはずが、なし崩し的にこの原則は破られていく。米ドルの発行残高は、1969年には金の保有量の約2倍、1970年には約5倍にまで膨らんでいった。

ニクソン・ショックと金本位制の終焉

そしてついに、1816年にイギリスで始まった金本位制は、1944年のブレトンウッズ協定からわずか27年で終わりを告げる。

1971年8月15日に、当時のニクソン大統領が、テレビとラジオを通じて金と米ドルとの交換を停止することを発表したのだ。これがいわゆる「ニクソン・ショック」だ。

この発表は、議会での審議がなく、政府が独断で行ったとされる。それだけ切羽詰まった状況であったことがうかがえる。発表を受けた世界のショックの大きさも計り知れなかったことだろう。

とにもかくにも、これにより通貨は金の裏づけがない状態で自由に取引がされるようになった。見方を変えれば、「金」と一心同体で歩んできた長い長い歴史の幕が下り、物質的な制約から解き放たれたことで、ようやく通貨としての独立を果たしたともいえるのではないだろうか。

現在、私たちが日々使っている紙幣は、実物資産である金との交換を約束されていない。紙切れである紙幣を「お金」たらしめているのは、ほかならぬ「信用」だ。

信用だけで価値を維持している紙切れが、世界中で取引され、それによって経済が成長する。そして人々は、それを手に入れたり、手放したりして一喜一憂しながら日々を送っているのである。

こうして歴史をたどってみると、お金が「交換の媒介物」という存在から、人と人との間における「信用の媒介物」として変化してきたことがよくわかる。そして、この「信用の媒介物」としての特性は、今後もますます顕著になっていくだろう。

④ お金は時代とともに進化する

お金の歴史をひもといていくと、改めて気づかされることがある。

それは、お金というものは、人類最大の発明ともいっても過言ではないほど、便利な道具であるということだ。

お金というものがこの世に誕生しなかったら、家具の職人は、自分が作った家具と交換することでしか欲しいものを手に入れることができない。病院で診察を受けたくても、自動車にガソリンを入れたくても、運良く「その代わりに家具が欲しい」という人が見つからなければ身動きがとれないのだ。

しかし、「お金」という概念ができることで、物々交換でしか行われていなかった流通は、範囲も量も一気に広がった。作った家具をお金と交換することで、その価値が保存できるようになり、家具を作るのが得意な人は、偶然の出会いに頼らなくても、保存しておいたお金と交換することで、いつでも自分の欲しいものを手に入れられるようになった。

この「お金」という画期的な道具の発明は、私たちに2つのかけがえのないものをもたらしてくれた。

1つ目は、飛躍的な経済の発展だ。

「お金」という道具によって、個人間はもちろん、他国間でも交易を行うことが容易になった。これによって、経済はそれまでと比べものにならないほど急速な発展を遂げることができた。ビッグバンが起こらなければ宇宙が存在しなかったように、「お金」が発明されなかったら、現代の資本経済は存在しなかったであろう。

そして2つ目は、私たちに好きなことや得意なことを仕事にするという人生の選択肢を与えてくれた、ということだ。

自分が好きなこと、得意なことを追求する。それに価値を感じてくれる人が世界のどこかにいれば、お金という道具を使ってその価値を提供することができる。

私たちは当然のように資本経済の中に生まれ落ち、勉強をして社会人となり、お金という収入を得て生活をしているが、「お金」の流通と、それによる資本経済の発達がなければ、好きなことや得意なことを活かして働き、収入を得るということも成り立たなければ、レストランで好きなものを食べ、マイホームを買い、旅行に行くといった人生の自由も存在しなかった。

私たちは、お金というものの存在に、もっと感謝をすべきなのではないだろうか。

人類はまだお金の扱い方に慣れていない

とはいえ、貨幣経済、資本経済はまだこれで完成したわけではない。

人類のお金の歴史は、長いようで短い。約20万年という人類誕生からの長い歴史の中で見れば、お金という道具が登場したのは、たかだかここ数千年。人類史全体の１００分の１ぐらいの「つい最近」だ。

ゆえに、人類はまだまだお金の扱い方に慣れていなくて当然なのだ。

１９９０年のバブル崩壊からすでに25年以上が経過した。この間、私たちのお金との付き合い方は目まぐるしく変貌した。

かつては、お金の使い道を考えるとき、「自分をより良く見せるためのモノ」に対して

★年代別のマイホーム保有比率の推移

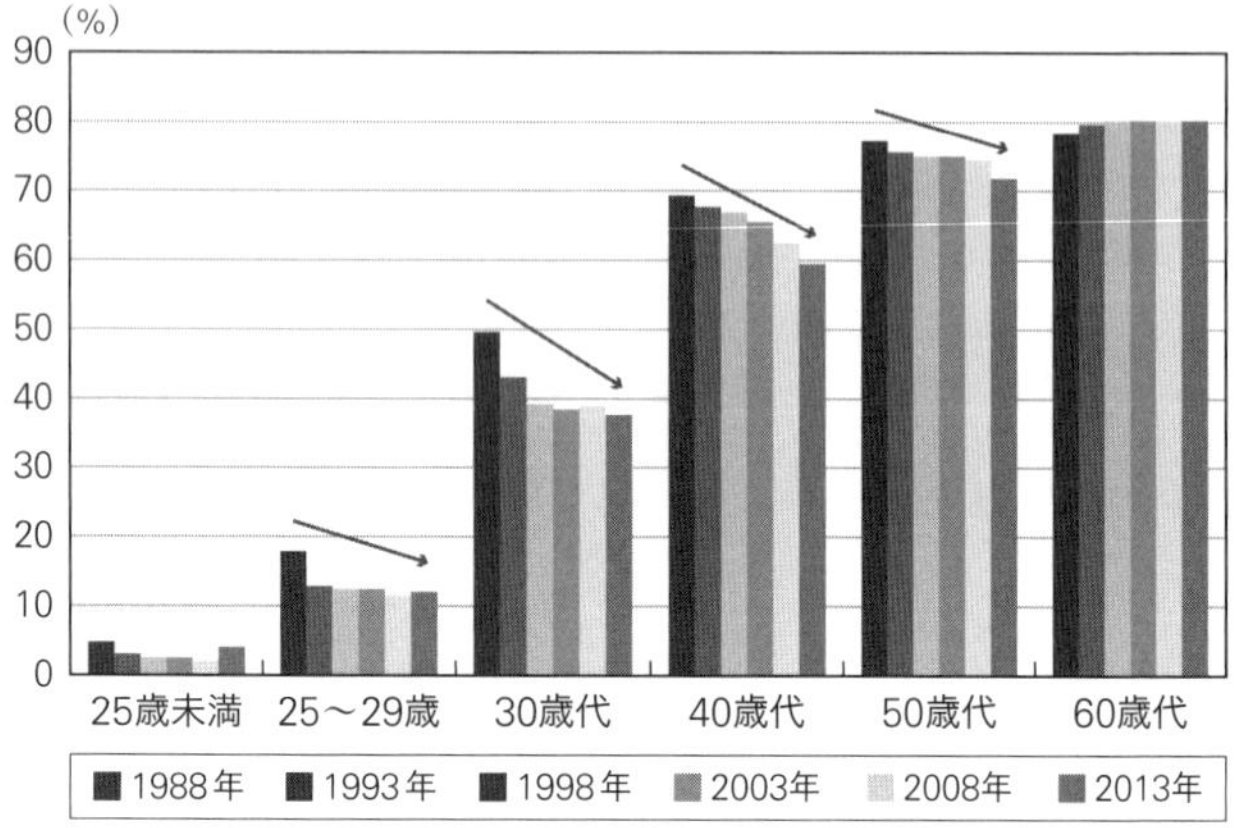

出所：総務省統計局「住宅・土地統計調査」より作成。

出費するということは、重要な選択肢の1つだった。車やマイホーム、高級スーツにブランド物の洋服。他人に与える印象や見栄のためにお金を使うということが当たり前の価値観であったし、現にそれによって自分の価値が高まり、好循環を生み出す時代であった。

では、2010年代の今はどうだろうか。

私たちは、車を持たなくなった。軽自動車やコンパクトカーなど、移動に必要な手段としての車は持つが、かつてのように、見栄のために背伸びをして買うことは少なくなった。

マイホームも同様だ。「マイホームを買ってこそ一人前」といった社会通念に縛られる人は減り、その時々の生活に合った部屋を借りて住むというスタイルが一般化しつつある。総務省統計局の「住宅・土地統計調査」を見ても、30～40歳代の、いわばマイホーム購入のメイン世代での保有比率は1988年以降、10％以上も右肩下がりになっている。

もちろん、その背景には収入の伸び悩みから「買いたくても買う余裕がない」という状況にある人が増えたこともあるだろう。しかし私は、その本質には、この25年の間に起こった、「お金の使い方」の劇的な変化があると考えている。

2010年にアメリカで出版された『スペンド・シフト――〈希望〉をもたらす消費』（ジョン・ガーズマ／マイケル・ダントニオ著、プレジデント社）という本をご存じだろうか。アメリカのマーケティング大手のヤング＆ルビカム社が50カ国以上、4万超のブランドに対して意識調査を行った結果、消費行動への価値観が、サブプライム・ショックを機に「豪華であること」から、「共感」や「倫理」、「心地良さ」へとシフトしてきているというものだ。

その具体的対象は、次の2つだ。

1つ目が「快適になるためのモノやサービス」。そして、2つ目が「時間を生み出すためのモノやサービス」である。

これは、ブームの変遷をたどるとわかりやすい。

かつては多くの読者の自宅にもあったであろう、CDコンポ、ビデオカメラ、一眼レフカメラ。今ではこれらの機能のすべてをスマートフォン1台でまかなっているという人は少なくないだろう。そして、重要なのは、私たちはスマートフォンをただの「モノ」や「機械」として購入しているわけではないということだ。意識的であれ、無意識的であれ、その所有者となった後の「快適な生活」「スマートな生活」という付加価値に対してお金を使っているのだ。

1999年に第1号店を出店して以来、若い女性から支持を集め、駅ビルなどを中心に店舗数を拡大している「スープストックトーキョー」もその象徴だ。

社内ベンチャーとしてスープストックトーキョーを立ち上げた遠山正道氏はこう語る。「スープストックトーキョーはスープ屋ではない。スープを介して感度やコミュニケーションを共有することだ」と。つまり、女性たちが購入しているのは、スープそのものではなく、素材にこだわったヘルシーでスタイリッシュなスープを食べている豊かな時間、なのである。

服や靴、カバンへの消費も変化している。以前はデパートなどでブランド物の服や靴を購入するのが1つのステイタスだった。デザインも、ロゴがついていたり、定番のデザインであったりと、誰もがそのブランドの製品とわかるものが人気を集めていたが、翻って今はユニクロに象徴されるような、シンプルで快適なデザインが支持されている。

お墓もそうだ。数百万円という費用を支払って田舎にお墓を建て、菩提寺に毎年お布施を払うという慣習の尊重は若い世代になるほど薄れつつある。気軽にお参りに行ける近場のマンション型の納骨堂で十分、という価値観は、見栄や慣習のためのモノではなく、快適さや時間を生み出すサービスにお金を使いたいということの表れといえるだろう。

時間を買う人も増えてきた。ハウスクリーニングに買い物代行、送迎代行など、家事代行サービスは枚挙に暇がない。最近では、子どもの夏休みの宿題を代行でやってくれるサービスも人気だという。面倒なことに時間を使うぐらいであれば、お金を支払うことで時間を買い、その時間を快適に過ごしたい――。モノへの消費欲が薄れるのと引き換えに、時間への欲求は高まるばかりだ。

1990年代には、「ベッドタウン」と呼ばれる、都心から1時間以上かかる場所に一戸建てを購入し、往復3時間近くをかけて通勤している人がざらにいた。しかし現在では、多少住宅コストが高くついたとしても、できるだけ会社から近いところに住むという選択肢を取る人が増えてきた。都心回帰も、言い換えれば、消費の対象がモノから時間のクオリティへと移ってきたということなのである。

企業がM&Aで「買って」いるもの

企業のお金の使い方も変化してきている。

近年、買収や合併などのM&Aが急増している。年間のM&A数は、1990年代と比べて4～5倍になっているともいわれている。

面白いのは、M&Aの目的を経営者が「時間を買った」と表現するようになったということだ。M&Aによって「買って」いるのは、対象企業そのものではない。ゼロから事業を立ち上げ育てていくのではなく、すでに育っているものをお金を出して買収することで成長期に入る前までの時間を短縮し、一気に事業を拡大する。企業のお金の使い方においても、時間の存在価値が高まっているのだ。

いずれにしてもはっきりと言えるのは、お金という道具が、目の前の選択肢を増やしてくれる、ということだ。

お金がなければ自分で行わなければならない家事も、お金という道具を使うことで他人に任せて自由な時間を手に入れることができる。

お金がなければ、歩いたり電車を乗り継いだりして目的地まで行くという選択肢しかなくても、タクシーにお金を支払えば、より早く、楽に到着できる。

企業のM&Aも同様で、お金がなければゼロから立ち上げなければいけないところを、買収という形でお金を使うことで、ショートカットで成長期に入ることができる。

資本経済は成熟期に入っているともいわれるが、これまでのお金の歴史を振り返るとそうであったように、これが最終形ではないのは明らかだ。現に、こうしている間も、革新的なスピードで進化を遂げている。やがて来る未来には、資本主義よりも進化した、今の私たちには想像もつかない新しい経済の形が待ち受けていると考えるのが自然だろう。「お金」も、それを取り巻く「経済」も、まだ大きな歴史的変化の渦中にあるのだ。

なかでも、金融経済教育が遅れている日本は、お金の扱い方に関してはまだまだ開発途上国だ。多くの人が、資本主義とは何か、お金とは何かという本質的な問いについて深く考える機会のないまま社会に出て、断片的な知識をつなぎ合わせてより高い収入を志向したり、ワイドショーを見て節約に傾倒したり、知り合いに勧められるまま生命保険に加入したり、マネー誌を片手に財テクに励んだりしている。

これからの時代、毎月、銀行口座から下ろした「紙幣」の扱い方ばかりに意識を向けていては、スピードの早いお金の歴史の変化の遠心力によって振り落とされてしまう。だから、お金という物質的な「モノ」の扱い方ではなく、お金という「数値」のコントロール方法を学んでいく。これこそが、「お金」という人類最大の発明を今の時代の中で昇華させていく最も効率的な方法なのだ。

お金の本質を学ぶことの重要性

2006年にノーベル平和賞を受賞したムハマド・ユヌス氏がバングラデシュで設立したグラミン銀行をご存じだろうか。

ユヌス氏は、絶対的貧困にあえぐバングラデシュを救うために同行を設立した。そして、貧困から脱却するために事業を興したいという女性たちに無担保での小口融資（マイクロファイナンス）を行っている。

同行の融資のシステムには、ある大きな特徴がある。それは、同じ地域に住む5人を1組としてグループを組ませ、1人ずつ順番に融資を行うということだ。先に融資を受けた人が返済を終えないと、次の人は融資を受けることができない。つまり、自分がしっかりと返済をしないと、仲間が融資を受けるための「信用」がなくなってしまうというシステムになっているのだ。

グラミン銀行の功績は、ビジネスでの実績のない貧しい女性たちに融資をしたことだけではない。融資という機会を通じて、自分資産を活かして社会で付加価値を生み出すことの重要性、期限を守ってお金を返済することで得る「信用」の重要性といった、お金の本質的な教育を行った。こうして道具としてのお金の扱い方や思考を身につけたことが「世界最貧国」から脱却する原動力となった。

これは何もバングラデシュに限った話ではない。決して経済的に恵まれていないわけではないが、本質を学ばないままにさまざまな社会問題が顕在化しているという意味では、日本に住む私たちも全く同じだ。

お金とは何か——。

この本質的な問いとしっかり向き合い、お金の扱い方を学ぶことが今、私たちに求められている。

⑤ お金が人生にもたらすもの

お金はあなたを映す鏡だ。つまり、あなたのお金に対する欲求は、あなたが生きるうえでの欲求そのものを表しているともいえる。

アメリカの心理学者であるアブラハム・マズローは、人間の欲求は5段階のピラミッドのように構成されており、低階層の欲求が満たされると、より高次の階層の欲求を欲するとして「マズローの欲求5段階説」を発表した。

これをそのままお金に置き換えると次のようになる。

①生活維持欲求……現代社会においては、生きていくためには少なからずお金が必要だ。生命の危険を脅かされないために、最低限の衣食住を確保するためのお金が欲しいという本能的な欲求が根底にある。

②不安払拭欲求……病気になったり、老後に安心して生活を送ったりするにはある程度の貯蓄が必要だ。最低限の衣食住が満たせると、こうした「もしも」にも備えておきたいという欲求が出てくる。

③ライフスタイル実現欲求……不安が払拭できたら、多くの人が、より多くのお金を得ることで、欲しいものを自由に買ったり、いつでも好きなところに旅行したりといったライフスタイルを望むようになる。

④自己実現欲求……ライフスタイルが満たされると、「お金のために働く」のではなく、「仕事を通じて自分のやりたいことを実現するために働く」ということに意識が向くようになっていく。

★マズローの欲求5段階説

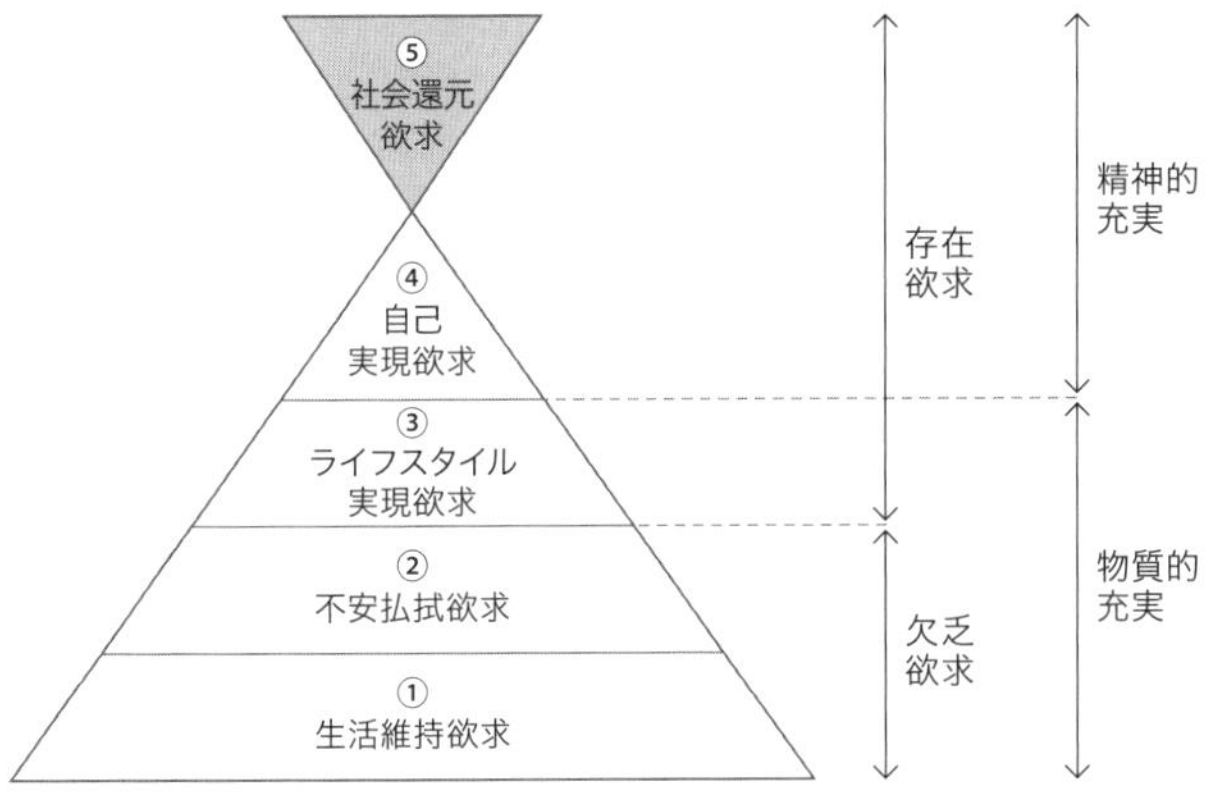

⑤社会還元欲求……自分のため、家族のためという枠を超えて、社会に対して貢献することで自分の存在価値を確認したいと考えるようになる。大規模な寄付や財団の設立などがその解決策の1つだ。

上の図を見てもわかるように、私たちがお金を人生の味方につけ、真に豊かで自由な生活を実現していくためには、④の自己実現欲求や⑤の社会還元欲求などの高次の欲求を満たしていく必要があるといえる。

しかし、先ほども述べたように、人類の歴史の中でお金という道具が登場したのは、人類史全体の100分の1ぐらいの短い期間にすぎない。しかも、そのうちの大半は生活を維持していくためにお金を活用する、ということで精一杯だった。したがって、こと存在欲求に関しては、先祖の代から脈々と受け継がれてきた正しい方法論というものが存在しないのだ。

加えて、金融経済教育の遅れている日本においては、「どうすればお金を味方につけて理想のライフスタイルを実現できるか」「どうすれば自己実現を通じて社会貢献ができるのか」といったことを学べる場はほとんどない。

私が、ファイナンシャルアカデミーという学校を通じて社会に還元したいと思っているのはまさにここだ。正しい方法論が確立されていないからこそ、実際に自己実現欲求や社会還元欲求を満たした人々の共通点から原理原則を見出し、それを体系化して世の中に伝えていきたい。それが、1人でも多くの人がお金を人生の味方につけ、自分の思い描くライフスタイルを実現していくための大きな力になると信じている。

欲求を制御するもの

しかし、ここに困った問題がある。

私たちの中には、能動的に次の欲求に向かうことで人生の満足度が高まることを頭では理解していながらも、それが容易でないことを正当化するために、「お金を持ちすぎるとかえって良くない」と自分の心に信じ込ませたり、「今のご時世であれば、何事もなく暮らせているだけでもよしとすべきではないか」と自己暗示をかけて納得させたりして、ブレーキを踏んでしまっている人が少なくない。

こうした状況が生まれる背景には、お金が原因で起こった数々の事件やトラブルのトラウマもあるだろう。

テレビや新聞のニュースを見ていると、連日のように金銭トラブルを原因とした殺人事件や法廷闘争などが報道されている。そうでなくても、友人関係から親子関係に至るまで、お金の確執が原因で人間関係が壊れる身近な事例は枚挙に暇がない。

相続が格好の例であろう。それまで円満な家族関係であっても、相続をきっかけに骨肉の争いになることは珍しくない。「相続は争続」と揶揄されるのもうなずける。

近年急激に増えている投資詐欺なども原因の1つだ。これまでコツコツと働き、貯蓄をしてきた人であっても、老後の生活への不安や、贅沢な暮らしへの憧れから、「お金を大きく増やしたい」という欲に負けて詐欺に遭う。

バブルも、平たく言えばこうした「欲」が生み出した幻のようなものだ。日本だけに限ったことではない。世界最初のバブルと言われるオランダの「チューリップ・バブル」以来、人類はずっと、欲にコントロールされることで理性を失い、「バブル」を繰り返している。

こうしたニュースや身近な事例から、「そんなことに巻き込まれるならば、今のままのほうが幸せなのではないか」と保守的になり、欲求を制御してしまうというわけだ。

活かすも殺すも使う人次第

確かにお金は、味方につければ人生に豊かさをもたらしてくれるものである反面、人生を大きく狂わせるパワーも秘めている。良くも悪くも、人生を大きく翻弄するパワーを持っているのがお金なのだ。

そして、その「数値」が大きくなればなるほど、そのパワーも大きくなる。

友人から「1年後に1%の金利をつけて返すから100万円を貸してほしい」と言われたら断る人でも、「20%の金利をつけて返すから」と言われれば、貸す可能性は高まるだろう。これは、1%よりも20%のほうがパワーがあることの表れだ。

2014年に世間を騒がせた、大手教育サービス企業の内部者による個人情報の漏洩事件などもしかりだ。個人情報を持ち出すことの報酬が10万円なら断る人でも、1000万円ならその金額に目がくらんでしまうかもしれない。「数値」が大きくなることによって、そのパワーも増大していくのだ。

とはいえ、賢い読者ならおわかりだと思うが、だからといって「お金は持たないほうがいい」「欲を出すとロクなことにならない」ということにはならない。

なぜなら、再三述べているように、お金はあくまでも「道具」だからだ。

道具というものは、活かすも殺すもすべて使う人のスキル次第だ。

自動車がわかりやすい例だろう。安全運転で活用すれば、生活にとってなくてはならない、非常に便利な道具だ。日々の生活の足としてだけでなく、レジャーに出かけるのにも、急病になった家族を病院へ連れていくのにも、さまざまな場面で活躍してくれる。

しかし、ひとたび事故を起こしてしまうと、一変して「凶器」に変わる。不注意で人を轢いてしまえば、相手の生命が奪われたり、人生が大きく狂ってしまうこともある。

こうした危険があるとわかっていても、「だから自動車には乗らない」という人は限られている。ほとんどの人は、安全運転を心がけながら自動車という道具が持つ利便性を享受している。

お金についても、本来同じであるべきなのだ。

しかも、自動車と違って、お金は教習所も整備されていなければ、仮免許で社会に出ることもできない。だからこそ、私たち1人ひとりが自覚的に学び、お金を自己実現に結びつけるための扱い方のスキルを磨いていかなければならないのだ。

4種類の「お金と幸せの関係」

さて、これまでお金が人生を豊かにする例、かえって不幸にする例を紹介し、お金は諸刃の剣であるということを述べてきた。お金と幸せの関係を整理すると、ここには4つの種類がある。

- お金があって、幸せな人
- お金があるのに、幸せを感じられない人
- お金がないのに、幸せな人
- お金がないために、不幸な人

本来、お金はないよりもあるに越したことはないはずだ。なぜなら、お金があればあるほど日常の中での選択肢が増えるからだ。自分の食べたいものを食べ、行きたいところに行き、住みたい家に住むことができる。

★お金と幸せの関係

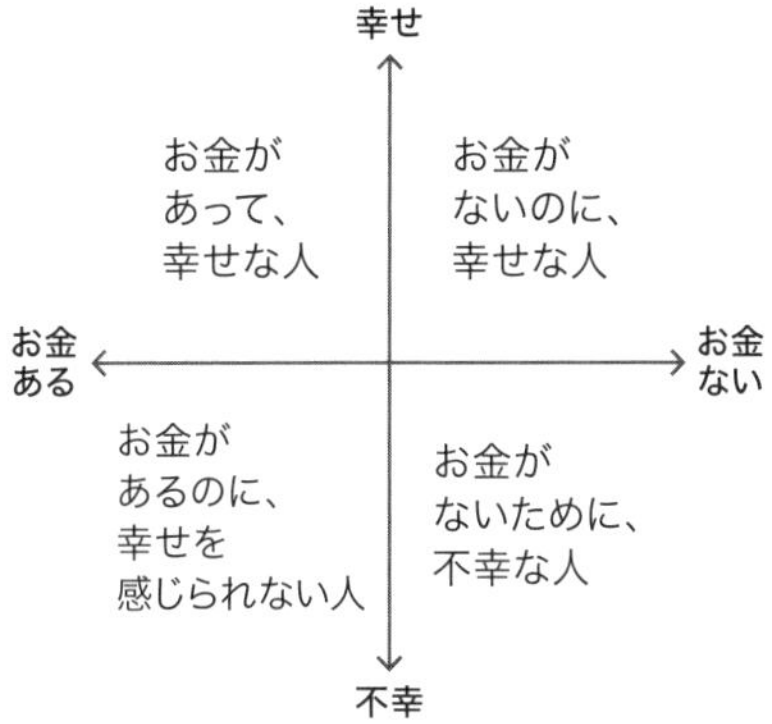

お金があればあるほど、自由を手に入れることができる。飛行機の便を、違約金を気にせず変更できる自由。スーパーマーケットに買い物に行き、「どの牛乳が一番安いだろうか」とチェックしなくてもよい自由。

お金があればあるほど、嫌なことをしなくてすむ。雨が降っていて歩きたくなければタクシーに乗ればよいし、掃除の嫌いな人が憂鬱になりながら、自宅のお手洗いを掃除しなくてもよい。そして、生活のために嫌なことを仕事にする必要もなくなる。上司に理不尽なことを言われて鬱々としながら、毎日会社に行く必要もなくなるかもしれない。

それなのに、お金があるにもかかわらず、幸せを感じられない人がいるのはなぜか。

その答えは、お金を「目的」としているか、「道具」と認識しているか、の違いにあるのではないだろうか。

お金はあくまでも便利な道具にすぎないことを認識

できず、人生にとって重要な目的であるかのように勘違いしてしまっていると、「とにかくお金があれば幸せになれる」とお金自体のパワーを盲目的に信じてしまう。そして、たくさん稼がなくては、できるだけ多く貯めなければと、お金を手に入れることそのものが目的にすり替わっていってしまうのだ。

お金を手に入れることそのものが目的になってしまうと、お金と引き換えられるチャンスは他のことを犠牲にしてでも、すべてものにしよう、最大限のお金を全力で手に入れよう、という思考が染みついていく。

少しでも多くの収入を得たいがために、やりがいを感じられない仕事を続けていたり、たいしてやることもないのに残業時間を長びかせていたり、という人もいるかもしれない。こうした状況は本来、私たちを豊かにするための道具でしかないはずの「お金」を手に入れるために、人生において最も限りある「時間」を差し出してしまうという、あべこべな状況だ。

それだけではない。少しでも多くの利益を得るために、割高だと知っていても商品を販売する。支払う金額をできるだけ少なくするために限界まで値切る。相続のときに1円でも多くもらおうと妥協しない。あらゆる方法を使って税金を節税する。お金を手に入れることそのものが目的になってしまうと、相手を騙し、傷つけてでも自己の経済利益を極大化させることを唯一の行動基準として行動するホモ・エコノミクス（合理的経済人）と化していってしまうのだ。

第1章でも述べたように、お金は信用を見える化したものだ。「儲ける」という漢字は「信じる者」と書く。信用のあるところには自然とお金が集まってくる。しかし、信用を築かずに得たお金は、遅かれ早かれ、人を遠ざけていく。そして、お金があるのに幸せを感じられない、不幸な人々を生み出すのだ。

ブータンに見る「幸せ」の定義

国民総幸福量（GNH：Gross National Happiness）という指標をご存じだろうか。1972年にブータン王国の国王ジグミ・シンゲ・ワンチュクによって提唱された指標で、精神面での豊かさを数値化することで、国民全体の幸福度を測ろうとするものだ。

興味深いのは、その構成要素だ。1人当たり5時間の面談を行い、合計72項目の指標によって「幸福度」を数値化するわけだが、その構成要素を見てみると、①心理的幸福、②健康、③教育、④文化、⑤環境、⑥コミュニティ、⑦良い統治、⑧生活水準、⑨自分の時間の使い方、の9つから成り立っている。

この中で、お金と直接的に連動するものといえば、⑧の生活水準ぐらいだろうか。あとは、間接的な影響こそあれ、健康、家族や友人関係、取引先といったコミュニティ、時間など、すぐにはお金で買えないものばかりだ。お金がないのに幸せな人がいるのは、たとえ生活水準は低くても、それ以外の豊かさがあるからなのだ。

お金があることと、不幸せであることとの因果関係を作り出しているのは、紛れもなくその人自身だ。お金に罪はない。

お金があって幸せな人は、例外なく、こうしたお金では買えない豊かさを得るために、道具としてお金を活用している。幸せ度を決めるのは、お金の多寡ではない。自分の心の持ちようと、お金との向き合い方なのだ。

第4章

7つの「お金の教養」

❶

「お金の教養」とは何か

すべてが分業化されている現代は、「何でも自分で行う」という時代ではなくなった。

昔は、ズボンのヒザに穴が開けば、母親が縫ってくれた。今は、お直し専門の店に持ち込めば、まるで最初から穴など開いていなかったかのように直してもらえるし、そもそも2000〜3000円ほど支払えばユニクロなどで新品が手に入る。

昔は、母親が毎日料理を作るのが当たり前だった。外食は、少し贅沢な休日の家族イベントだった。それが今では、より美味しいものが、手作りより安く、外食で楽しめる。コンビニエンスストアに行けば、鯖の塩焼きからひじき煮までが1人分ずつレトルトパウチで売られている。今やお年寄りでさえ、コンビニでお総菜を買うのが当たり前の時代だ。

裁縫の技術や、料理のスキルは、あるに越したことはない。しかし、なくても不自由なく生活ができる。それが現代だ。

一方、より重要性を増してきているのが、お金を上手に扱う力だ。

お金によって得られる選択肢が無限大に広がっている分、必要なお金がなかったり、目の前の選択肢に対して正しい判断ができる力が不足していたりすると、それはダイレクトに「不自由」へと結びつく。いくらしっかりと学問教育、職業教育を受けても、こうした力が身についていなければ、社会を快適に生き抜いていくことが難しい時代がやって来ているのだ。

これからの時代に必要なのは、ますます万能性と存在感を増していく「お金」を正しく扱うための教育だ。「学歴」ではなく「額歴」の高い人こそが、社会の中で輝いていく。これからの社会を快適に生き抜いていくために不可欠といえるこの「お金を扱う力」を、本書では「お金の教養」と定義づけている。

ところで、私が『お金の教養――みんなが知らないお金の「仕組み」』(大和書房)という本を上梓したのは2008年9月のことだ。当時は教養という言葉をそれほど見かけることはなかったように思うが、ここ数年、書籍や雑誌の特集など、さまざまなところで頻繁に「教養」という言葉が目につくようになった。

あなたは「教養のある人」というと、どのような人物像を頭に浮かべるだろうか。「歴史についての知識が豊富な人」「政治情勢に詳しい人」「ワインについての造詣が深い人」など、いろいろなイメージがあることだろう。

しかし教養とは、こうした知識の豊富な人だけを指す言葉ではない。

教養のある人とは、幅広い知識があることは当然だが、歴史にせよ、政治情勢にせよ、なぜそれが起こったのか、その本質は何なのかを理解し、そこから得たものを自分の生活や社会に還元していける器を備えた人を指す。単なる物知りや博学であることと、教養があることは違うのだ。

では、本書のテーマでもある「お金の教養」とは、いったいどのようなものなのだろうか。

信用経済においては、お金はその人の信用そのものを表す。過去の思考、判断、行動が周りからの信用という形で培われ、それが「お金」という結果につながる。

そして、その「お金」をどうやって得たのか、お金をどうやって扱っているのかは、その人の人間性そのものも浮き彫りにする。

つまり、お金の教養とは、「お金」という側面から、人間性を育み、社会の中で信用を得て、経済的、心理的に豊かな人生を手に入れるための教養だ。

これらのお金の教養は、1人の成功体験をもとにしたものでも、私の個人的な体験をもとにしたものでもない。私がこれまで出会い、時間を共にした、3000人を超える経済的にも心理的にも豊かな人々、そしてそうでない人々の価値観や成長の軌跡の共通項を見出し、注意深く分析したうえで法則と仕組みをまとめた、普遍的な原理原則だ。

「お金の教養」の7つの要素

お金の教養は、7つの要素から成り立っている。

①考え方

お金の教育を受けていなかった私たちが本来学ぶべきだった本質的な「お金の考え方」のことを指す。いくら知識があったり、収入が高かったりしても、正しいお金の考え方が身についていないと、一生を通じて安定して豊かな生活を送ることはできない。「思考がその人自身を作る」という言葉があるが、これはお金の教養においても同じことがいえる。正しいお金の考え方を備えることで、貯め方や使い方といった他の6つの教養が活きてくる。

②貯め方

「お金の貯め方」は、お金と上手に付き合っていくための、最も基本ともいえる重要なスキルだ。第3章で述べたように、お金をお金たらしめている3つの機能のうちの1つが、「価値を貯蔵しておくための機能」、つまり価値を貯めておけるという機能だ。この機能をどのように効果的に活用できるかによって、人生の選択肢や柔軟性に大きな差が開く。そのための貯め方が2つ目のお金の教養だ。

③使い方

私たちは毎日必ずと言ってよいほど、お金を使う。その「お金の使い方」を間違えると、せっかく貯めたお金が無駄に流れていってしまう。同じ金額を使うのであっても、正しい使い方ができるのとできないのとでは、使った後の満足度も違えば、結果としてその集大成である人生そのものの満足度にも大きな差が出る。

どのようなルールを設け、価値のあるものに正しくお金を使えるか。「お金は、貯めることより使うことが難しい」と言う人が少なくないように、使い方も重要なお金の教養の1つだ。

④稼ぎ方

４つ目は仕事やキャリアアップなどを通じた「お金の稼ぎ方」だ。仕事によってお金を稼ぐということは、高い給料をもらえる会社に就職すればよい、儲かるビジネスを探して始めればよい、という単純なものではない。収入を長期的かつ安定的に高めるためには、ビジネスパーソンとしてのスキルや経済知識、センス、経験などをバランス良く高めていくことが不可欠だ。また、市場の中で自分自身の「価値」をどう生み出すかという視点も大切になってくる。

⑤増やし方

お金に働いてもらい、お金にお金を稼いでもらう方法――つまり、資産運用による「お金の増やし方」が５つ目のお金の教養だ。使い方や稼ぎ方にほとんど差がなくても、この教養があるのとないのとでは、長い年月を経た後でのフローとストックに大きな差が出る。個別の金融商品の仕組みや短期的な損益だけでなく、どうすれば人生の中で資産運用を強い味方につけられるのか、その本質を学ぶことが大切だ。

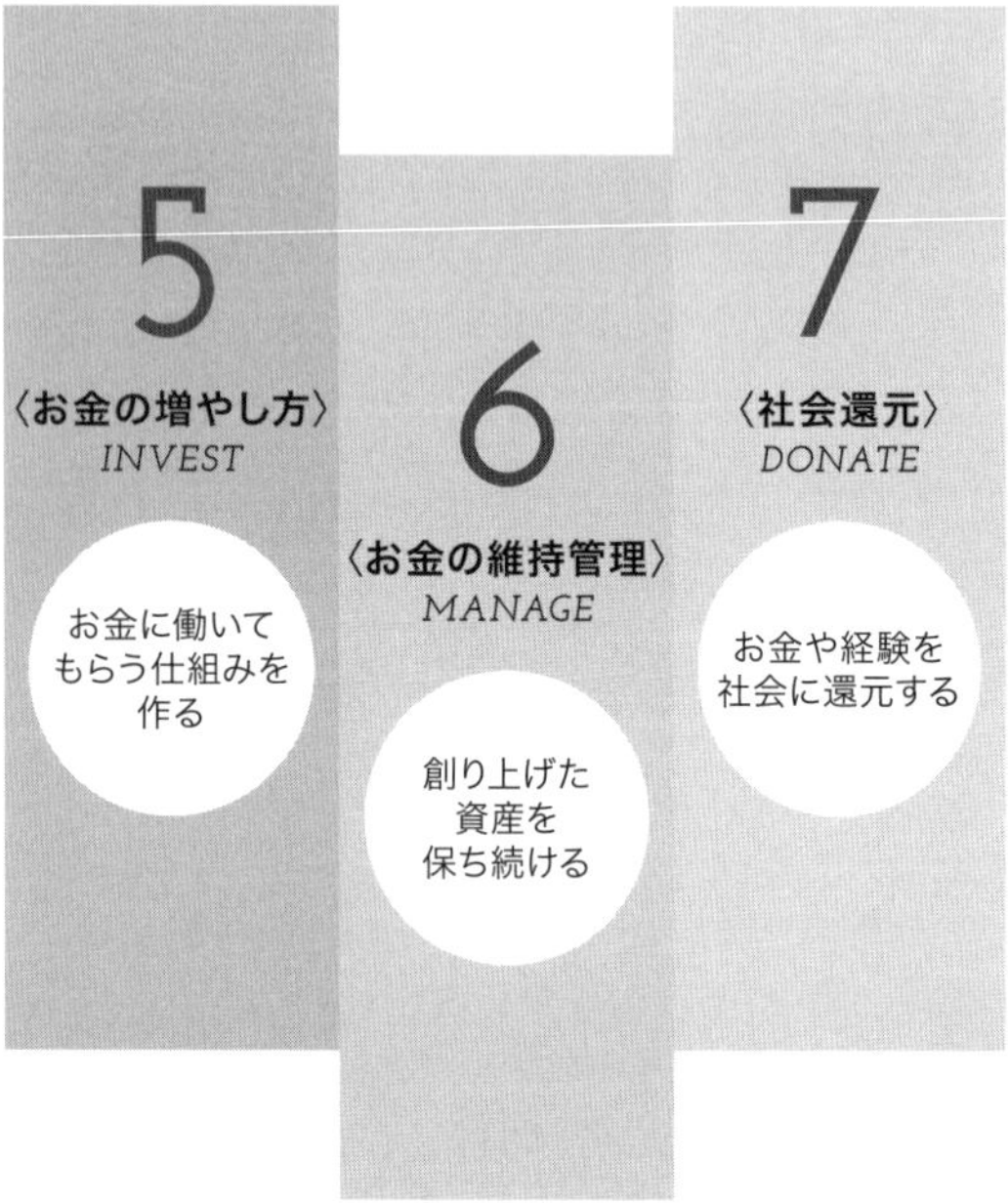
5
〈お金の増やし方〉
INVEST
お金に働いてもらう仕組みを作る
6
〈お金の維持管理〉
MANAGE
創り上げた資産を保ち続ける
7
〈社会還元〉
DONATE
お金や経験を社会に還元する

⑥維持管理

６つ目は「お金の維持管理」の方法だ。「維持管理」と聞くと、他の６つの教養に比べて簡単そうに感じるかもしれないが、実は、とても奥が深く難しい教養だ。

ここでは主に、普段の生活とはスケールの異なる金額の維持管理を指す。起業家や高収入の人でお金を稼ぐ能力は抜群に優れていても、この「お金の維持管理」がうまくできていないために、お金が流れ出ていってしまう例は珍しくない。相続や退職金でまとまった金額を手にし

★「お金の教養」の7つの要素

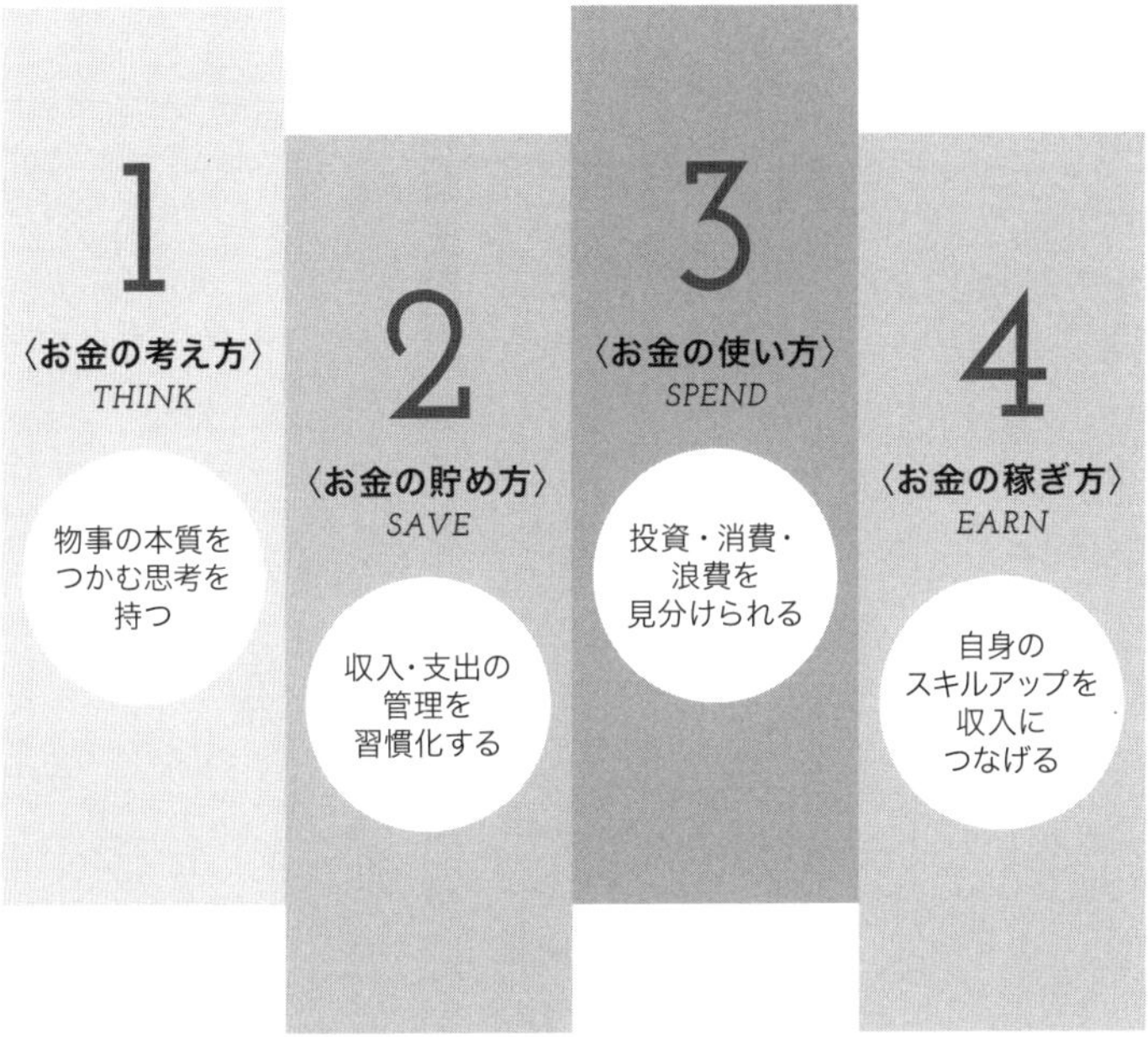
1
〈お金の考え方〉
THINK
物事の本質をつかむ思考を持つ
2
〈お金の貯め方〉
SAVE
収入・支出の管理を習慣化する
3
〈お金の使い方〉
SPEND
投資・消費・浪費を見分けられる
4
〈お金の稼ぎ方〉
EARN
自身のスキルアップを収入につなげる

た人が金銭感覚を狂わせてしまった例もあまりにも多い。

維持管理の教養は、まとまったお金を持ってから身につけるのでは間に合わない。なるべく早いうちから身につけておく必要があるのだ。

⑦社会還元

これは、自分だけでお金を抱え込むのではなく、余剰のうち一定の比率を他人に与えるという教養だ。

入ってきたお金を寄付やチャリティなどによって他人に与えることは、心理的な豊かさを感じるお金の使い方の1つだ。なぜなら、お金というものは1人で抱え込んでいても良い働きをしないからだ。

また、社会に対して還元できるのはお金だけではない。私たち1人ひとりが持っている能力やスキル、経験を社会で活かすことも立派な社会還元の1つだ。真の豊かさを感じられる人生を送るためには「社会還元」という視点が欠かせない。

「教養ある生き方」へ

「超」がつくほどの情報化社会である昨今、何をするにも情報はあふれるほどある。「お金を増やしたい」と思えば、そのためのテクニックから儲かる（とされる）金融商品まで、インターネットで簡単に調べることができる。住宅ローンを見直したいと思えば、各金融機関の住宅ローンの最初の金利の比較から、借り換えをした場合のシミュレーションまで簡単に行うことができる。

しかし、こうした情報を断片的につなぎ合わせて取り入れていても、それは付け焼き刃の行動にしかならない。情報と場当たり的に付き合っているだけでは、本当の意味でお金を人生の味方につけ、豊かでゆとりある人生を送ることは難しいといえる。

私たちが普段、お金と上手に付き合うための情報として目にしているものの中心は、ファイナンシャルプランナーや経済評論家による知識やテクニック、もしくは一部の投資家や起業家がその成功体験をもとに持論を語っているものがほとんどだ。

しかし、そのファイナンシャルプランナー自身は、果たしてその知識やテクニックによって真に豊かでゆとりある人生を手に入れることができているだろうか。もしかしたら、プライベートでは収入が伸びないことに悩み、将来に不安を抱えているかもしれない。つまり、知識やテクニックがあるからといって、結果が伴っているとは限らないということだ。

また、その投資家や起業家と同じ方法を実践する環境は用意されているだろうか。もしかしたら、当時のマーケットや経済環境だからこそ成り立ったのであり、偶然が見方して結果が出たのかもしれない。

せっかく「自分の時間」という限りある資産を使って学ぶのであれば、そこには学んだとおりに実践すれば成果が出るという「信憑性」と「再現性」が不可欠だ。そして何より、学んだ後のあなた自身の生き方が「教養ある生き方」へと変化を遂げなければ、本質的な学びとはいえないのである。

では、「お金の教養」の7つの要素それぞれについて詳しく見ていこう。

❷

お金の教養その① 考え方

7つのお金の教養は、バランス良く身につけることがとても大切だ。しかし、なかでも特に大切なのが、1つ目の「考え方」だ。この「考え方」の部分が伴わないと、いくら他の6つのスキルを磨いたとしても、長期的な信用が積み上がっていきにくいのだ。考え方を磨いたうえで、それ以外の、貯め方、使い方、稼ぎ方……といった枝の部分もバランス良くスキルを上げていく。これがお金の教養を高める基本だ。

もちろん、お金を貯めるための知識や投資のテクニックを磨くことに全く意味がないわけではない。しかし、残念ながら、これだけでは人生を劇的に変化させるような解決にはならないのだ。

あなたが「野球でホームランを打てるようになりたい」と思い、書店に行って「ホームランが打てるようになる方法」というタイトルの書籍を購入したとする。

おそらく内容としては、

- バットを持つ位置は、付け根から2センチメートル

●足は体の中心から左右に20センチメートルずつ開く
●肩や腕の力を抜いて構える
●最短距離でスイングし、身体の前でボールを捉える
●フォロースルーは体全体で大きく行う

といった知識やテクニックが中心だろう。

しかし、もし同じタイトルの書籍をイチロー選手が書いていたとしたら、どうだろうか。

●結果が出なくても心折れずに続けるには
●スランプからの脱却方法
●コーチのアドバイスを受け入れるための心の持ち方
●バッターボックスに立つ前に必要な基礎体力の訓練法
●トレーニングに割くための時間マネジメント

といった、テクニック以前の話に多くのページが割かれているのではないだろうか。
仕事も、スポーツも、そしてお金の教養も、付け焼き刃としての知識やテクニックだけ

では長期的に安定して上がっていくことは難しい。日々の思考が行動につながり、その行動の積み重ねが結果につながっていくからだ。したがって、まず思考や習慣を変えていかないと、お金の問題は根本的には解決していかないのだ。

また、この「考え方」が定まらないままに多くのお金を手に入れると、金遣いが荒くなったり、仕事へのやる気が失われたり、自分よりお金を持っていない人を見下したりするようになりがちだ。その結果、生活のバランスを崩すだけでなく、人との信頼関係を築けなくなってしまうかもしれない。「考え方」は、7つの要素の中でも最も重要で基幹的なものといえる。

③ お金の教養その② 貯め方

金融広報中央委員会が2014年に発表した「家計の金融行動に関する世論調査(2人以上世帯)」によると、「金融資産を保有していない」と答えた世帯、つまり貯蓄のない世帯は全体の30・4%にも及んでいる。

お金をしっかり貯められる人もいれば、なかなか貯められず、貯蓄がない人もいる。この違いは果たしてどこにあるのだろうか。

もちろん収入の違いもあるだろうし、自宅や子どもの有無など生活環境の違いもその大きな要因であろう。

しかし、収入が少なくても、子どもの教育費がかさんでいても、コツコツと貯蓄をしている人はたくさんいる。一方で、収入が高く、かつ子どもがいなくても、貯蓄がほとんどない人もいる。貯蓄の有無は、収入と正比例するわけではないのだ。

貯められる人と貯められない人。この命運を分けているのは、「貯蓄が習慣化されているかいないか」だ。

誰にとっても、貯蓄は、ないよりは少しでもあったほうがいいはずだ。貯蓄ができない人であっても、「貯蓄が不要」と考えている人はほとんどいないであろう。「貯蓄をしたい」という気持ちはあるにもかかわらず、結果として貯蓄ができていないだけなのだ。

貯蓄ができることは、お金をしっかりコントロールできるという能力でもある。

前にも述べたように、お金は「道具」だ。したがって、「貯める」ことが目的なのではない。貯蓄の習慣をつけることで、収入を把握し、その中に収まるように支出を管理することができるようになっていくことが、お金の教養となっていくのだ。そして、習慣化の結果が「貯蓄額」という数値として表れてくるのである。

「2割貯蓄」から始める

私自身も、20代の頃は働いても働いても収入が伸びず、貯蓄ができずに不安を抱えていた。そして、「貯蓄ができないのは収入が低いからだ」とか「収入が上がったら貯蓄ができるようになるのに」と思っていた。しかし実際には、その後、収入が上がっていったら、少し広い部屋に引っ越し、身の丈を超える車をローンで買い、貯蓄ができるようになるどころか、借金が増えた。

すべての人が私と同じ轍を踏むとはいわないが、私たちはとかく収入が上がると生活の質を上げたくなるものだ。イギリスの歴史・政治学者であるシリル・ノースコート・パーキンソンも、その著書『パーキンソンの法則——進歩の追求』(至誠堂選書)の中で「支出の額は、収入の額に達するまで膨張する」と述べている。

そして、一度生活の質を上げてしまうと、なかなか下げることはできない。その結果、貯蓄は思うように増えないのだ。実際に、1000万円を超える世帯収入があっても、平均より少し価格の高いマイホームを購入し、マンションに見劣りしない高級車を保有し、子ども2人を私立の中高一貫校に進学させたら、貯蓄どころか家計が火の車、という事例は珍しくない。

こうした事態を回避するためには、自分の感情をコントロールして支出を管理するすべを身につけ、それを習慣化するしかない。正しい習慣が身についていないと、仮に大きなお金が入ってきたとしても、宝くじの当選者がかなりの割合で自己破産するといわれているように、貯蓄にはつながっていかないのだ。

正しいお金の習慣を身につけるために、最も手軽で効果のある貯蓄の方法を紹介しよう。それが、手取り収入を「2割：6割：2割」に分けるという方法だ。

仮に手取り収入が30万円なら、「6万円：18万円：6万円」と分けるのだ。

そして、それぞれのお金の使い道を、次のように決める。

ポイントは、貯蓄分の2割は必ず「先取り貯蓄」に回すということ。そして、自己投資分の2割は、自分を高めるためにしっかり使い切るということだ。

「先取り貯蓄」とは、支出した後に余ったお金を貯蓄に回すのではなく、給料が入ったら、先に貯蓄分を取り分けてしまうという方法だ。先に将来のための貯蓄を取り分けてさえしまえば、あとは残ったお金の範囲で生活するだけで貯蓄は確実に積み上がっていく。

とはいえ、毎月給料日にお金を引き出し、別の口座に移し替えるという作業を行おうとすると、続けるのが面倒になり、多忙で思うように時間が確保できなかったりして挫折し

★貯蓄の仕組み化

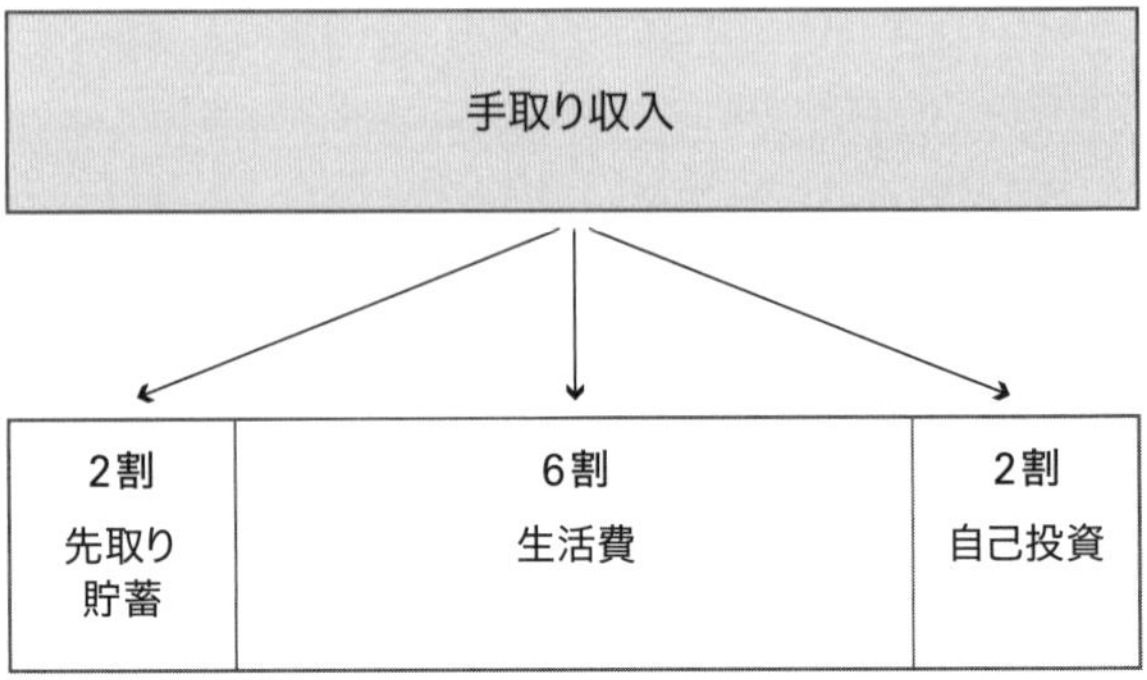

てしまいやすい。財形貯蓄、積立定期預金、投資信託の積立てなど、毎月の給料日に指定した金額を天引きしてくれたり、給料や銀行口座から自動的に積立てに回してくれたりする仕組みを活用することが必須だ。

この仕組みに従って毎月手取り収入の２割を貯めていくと、５年間でちょうど手取り年収分の貯蓄ができる。手取り年収５００万円なら５００万円の貯蓄が、１０００万円なら１０００万円の貯蓄が着実に貯まるということになる。

とはいえ、２割の先取り貯蓄の目的は、お金を貯めることだけにあるのではない。これを続けることが、支出をコントロールするという正しいお金の生活習慣をつけるトレーニングになる。習慣化さえできてしまえば、収入が上がれば上がるのに比例して、貯蓄額も自動的に高まっていくのだ。

そして、２割の自己投資。これも同様に習慣化したい。

これまで貯蓄ができていなかった人であれば、手取り収入のすべて（10割）で生活をしていたところを、先取り貯蓄と自己投資に合計4割をまわし、生活費を6割に落とすわけなので、慣れるまではなかなかうまくいかないかもしれない。生活費が足りなくなったり、気のおけない友人に食事に誘われたりしたら、自己投資を減らして食事代にまわしたいと思うだろう。

しかし、自分自身が多くの新しい経験を積み、さまざまな考えや価値観に触れ、自らの器を大きくしていくことなくしてお金の教養は高まらない。ゆえに、あえて「2割」という予算を消化する意識で投資先を厳選し、自己投資を行うのだ。

実際、年収が高い人ほど積極的に自己投資を行っているというデータもある。

森ビルアカデミーヒルズが2008年に自己投資に関する意識調査を行ったところ、「自己投資を積極的に行っている」「心がけている」という人の割合は、年収200万～400万円未満の人で約40％であったが、800万～1000万円の人では2倍の約80％となった。

積極的な自己投資は、自分自身の成長と豊かなライフスタイルを引き寄せてくれる。心を鬼にして、2割を「自分を高めてくれるもの」に使い切ろう。

❹

お金の教養その③ 使い方

「うまくお金を使うことは、それを稼ぐのと同じくらい難しい」――これは、ビル・ゲイツが世界一の資産家になったときの言葉だ。

お金は「目的」ではなく、「道具」だ。この道具が持つ潜在能力を発揮できるか否かは、使い方にかかっているといっても過言ではない。「お金は使ってなんぼ」という言い回しは有名だが、お金を価値のあるモノやサービスに交換して使うことができてこそ、人生が豊かになるのだ。

お金を上手に使うために意識したいのが、普段使うお金を「投資」「消費」「浪費」の3種類に分けて考えるということだ。

- 支払った額以上の価値を得られた＝投資
- 支払った額と同じ価値があった＝消費
- 支払った額以下の価値しか得られなかった＝浪費

★投資と消費と浪費の違い

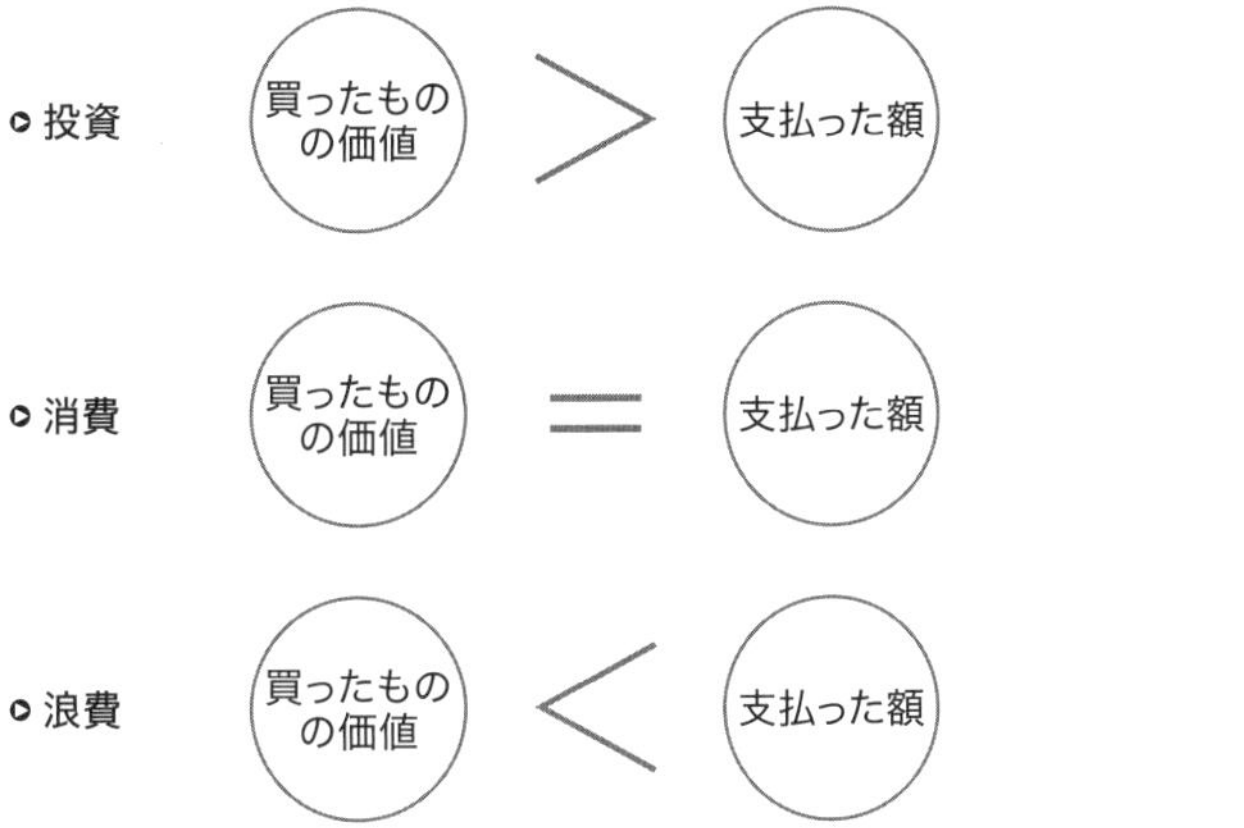

たとえば、英会話スクールで優秀な講師からマンツーマン指導を受け、ビジネス英会話を完璧にマスターする。これは明らかな「投資」だ。

もしも授業料に100万円がかかったとしても、ビジネス英会話がストレスなくできるようになったことで年収が数十万単位で上がるかもしれない。また、言葉の壁なく海外旅行を楽しめれば、視野も人脈も一気に広がり、人生にお金では買えない豊かさをもたらしてくれるだろう。こういった「投資」は、大きなリターンとなって自分に戻ってくる良い使い方といえる。

高級レストランで食事をするのも、その味や雰囲気を味わい、人としての経験や教養が高まったのであれば、それは「投資」といえる。

一方、ストレスが溜まっているからといって暴飲暴食をした食事代金、結局使わずじまいでお蔵入りしてしまったダイエットグッズの購入代金などは、「浪費」以外の何物でもない。

まずは、「浪費」を減らして「投資」を増やしていくこと。お金を使う際に、毎回「得られるであろう価値」を予測して判断することも当然のことながら、「実際に得られた価値」という結果を判断することも習慣化する。この繰り返しにより「浪費」を減らして「投資」を増やすだけで、お金の使い方の教養は高まっていく。

「節約」は必要か

「使い方」というと、「無駄遣いをしないこと」や「節約」という言葉を直接的に思い浮かべる人もいることだろう。

しかし、繰り返すがお金は人生を豊かにするための「道具」だ。やみくもに節約をし、少しでも多くの貯蓄をすることが「目的」になってしまっては、本来のお金の価値を楽しむことができない。

そうでなくても、節約がもたらす弊害は少なくない。

まず、出費を切り詰めると、生活に潤いがなくなる。そして買い物でも、レストランに行って食事をするときも、選択の基準がすべて「値段」になる。本当に欲しいものがどれなのかという基準ではなく、安いことに基準を置いて買い物をするようになる。

致命的な弊害は、心の栄養になるような経験にお金を使わなくなることだ。

これまで訪れたことのない場所を旅行して、見たことのない風景に触れたり、食べたことのないものを味わったり、感じたことのない空気感の中に身を投じたり。

私たちが成長していくうえで、こうした経験はとても大切だ。過去の経験が思考を作り上げ、日々の判断の基準に転化されていく。経験が足りなければ、思考は深まりにくく、日々の判断の精度は高まっていきにくい。つまり、経験にお金を使わないということは、自らの成長を阻む行為でもあるのだ。

友人や同僚と食事に出かけてゆっくり語り合ったり、結婚披露宴に出席したりといった付き合いも、節約を意識するあまりに遠ざけるようになるかもしれない。第3章でも述べたが、たとえお金に不自由しなくとも、互いに信用できる人間関係のない人生など、真の豊かさとは程遠い。これでは本末転倒だ。

このように、過度な節約は生活から潤いを奪い、心の疲弊をもたらす。そして、人生にも決定的な弊害をもたらす。

もちろん、限りある収入の中で生活するためには、支出をコントロールしなければならない場面はあって当然だ。しかし、そこには必要なのは「メリハリ」だ。自分にとって価値があると感じるもの、これだけは譲れないと思うものについては、思い切って使って何の問題もない。その代わり、価値をあまり感じないものについては財布の紐を締める。メリハリをつけることで支出を枠の中に収めることさえできれば、支出すること自体を何らとがめる必要はないのだ。

高額の買い物こそ使い方が重要

日常の生活で使うお金は「投資」「消費」「浪費」の3種類に分けて考えると説明した。では、不動産、車、保険料といった高額の買い物については、どのように考えるのが正しいのだろうか。

普段財布に入れて使う額を超えた高額の買い物は、購入経験や回数が少なく、不慣れな分だけ感情に流されやすい。ともすると大きなミスを起こしかねないので要注意だ。金額の大きな買い物をする際に、注意すべきことは3つある。

1つ目は、「絶対金額で考える」ということだ。

スーパーでは割引になっているものしか買わない人が、こと不動産や車となると、いともあっさりと定価で買ってしまうということがままある。

スーパーで300円の総菜を5割（50％）引で買っても150円の値引きにしかならないが、4000万円のマイホームは、0・5割（5％）の値引きであっても、200万円下がる。これは、総菜を約1万3000回、5割引で購入するのと同じ効果だ。年収400万円の人であれば、半年分の収入と同じだけ支出を抑えられることになる。

高額の買い物であればあるほど、たとえ割引率が些少でも、金額への影響は大きくなる。だからこそ、絶対金額で考えることが必要だ。

2つ目は、「支払総額で考える」ということだ。

生命保険を例にとってみよう。

生命保険に加入したきっかけを尋ねると、「営業の女性の感じが良かったから」とか「知り合いや親戚に勧められて付き合いで入ってしまった」という答えが意外と多い。

しかし、お金の使い方を考えるうえでは、これは非常に憂うべき状況だ。

月額の保険料が3万円の生命保険に加入するとき、私たちの多くは、まず「現在の家計で、毎月3万円が支払えるだろうか」と考え、ソロバンをはじく。そこで「なんとか捻出できそうだ」となると、安心を買うために加入を決断する。

しかし、これはある意味、大きな勘違いであるともいえる。

30歳で毎月3万円の保険料を支払う終身保険に加入したとしよう。この保険料を60歳まで払い続けたとしたら、年36万円×30年=1080万円を支払っているということになる。

つまり、この終身保険に加入するということは、総額1080万円の買い物をするということと同義なのだ。誤解を恐れずに言えば、その1080万円の代金を「月額3万円・30年ローン」で分割払いしているようなものともいえる。このカラクリを理解しないまま生命保険に加入するのは、かなり危険な行為といわざるをえない。

もちろん、終身保険であれば、解約返戻金もあるだろうし、いずれかのタイミングでは死亡保険金が受け取れるので、1080万円がそのまま消えてなくなるわけではない。ここで言いたいのは、損か得かという話ではなく、それだけ総額の大きい買い物であるにもかかわらず、あまりにも安易に加入を決断してしまっている人が多いのではないか、ということだ。

3つ目は、「本当の価値を見極める」ということだ。

基本的に売り手は、悪い情報はなるべく出さず、相手が得と感じる情報を率先して出す。これは悪気の有無ではなく、当然のことだ。その人は、それを販売することで生計を立てているのだから。

情報には、事実と意見がある。鮮魚店の店員に「安いよ、安いよ」「これ、美味しいよ」と勧められたら、多くの人は、それが意見であり、セールストークであるとわかる。加えて、多くの人にとって、魚などの食料品を購入するのは日常のことで、良し悪しや相場に対する感覚もできている。購入後にこれが単なる意見であり、事実ではなかったことが判明したとしても、人生にはそれほど多くの影響は及ぼさない。

しかし、高額の買い物での事実と意見の誤認は、時として、人生に取り返しのつかないダメージをもたらす。

しかし、不動産は多くの場合、一生に1回、多くても数回しか購入しない。加えて、同じものが2つとない。だからなお、正確な価値がわかりにくい。スーパーでは10円単位でまで安いか高いかを判断できる人でさえ、「2LDK、70平米の新築マンションが5000万円か。隣のマンションが4500万円だから、ちょっと割高では」「でも、窓からの眺めは障害物がない分、格段に良いし、南向きなのに500万円の差だから、もしかしたら安いのかも」などと、感覚で高いのか、安いのかを判断せざるをえない。

そのため、良し悪しを判断する基準が持てず、いろいろなことを親切に教えてくれる販売員を「不動産のプロ」であると勘違いし、意見である「この物件は相場よりも500万円はお買い得ですよ」といったセールストークを、事実と勘違いして購入の決断を下してしまう。そして、数百万円、時には数千万円も割高な買い物をしてしまうケースが多いのが現実なのだ。

私たち日本人は、日常の生活の中であまりにも「値札」というものに慣れすぎている。身の回りにあるほとんどの商品やサービスに、当然のごとく「定価」があり、値札がついているからだ。

「時価」と書かれた寿司店を訪れたり、値段の書かれていないワインリストから選んだりすることに不安感を覚えた経験がある人も少なくないだろう。これは、裏を返すと、それだけ初めから値段がついていることに慣れているということでもある。

しかし、お金を賢く使えるようになるためには、本当の価値を見極める力を磨かなければならない。お金を自分にとって最大限に価値のあるモノやサービスに交換して使うことができれば、限りある収入の中でもさらに人生が豊かになっていく。

「稼ぎ方」といっても、会社員として働いている人であれば、「お金の教養を高めたところで、給与体系が決まっているのだから、収入の状況は変化しないのでは」と思うかもしれない。

しかし、すでに年功序列の時代は終焉を迎えている。たとえ今は成果主義の給与体系になっていないとしても、10年後、20年後はわからない。近い将来、転職することにならないとも限らないだろう。そのときのあなたの市場価値は、あなたの稼ぐ力次第で大きく変わってくる。

稼ぐ力を上げるために必要な視点は、大きく2つある。1つは、「価値(バリュー)と価格(プライス)を見極める力を磨く」ということ。そしてもう1つは、「自分が好きで得意なところを伸ばす」ということだ。

価値と価格を見極める

稼ぐ力を上げるのに必要なのが、資格取得でもなく、語学の勉強でもなく、なぜ「価値と価格を見極める」ことなのか、といぶかしく思った人もいることだろう。しかし、ここに稼ぐということの本質がある。

なぜなら、あなたの収入は、打ち出の小槌のように勤め先や取引先の金庫から湧き出てきているわけではないからだ。そこには必ず支払いの源泉となる「売上げ」が必要で、売上げの先には必ず「お金を支払っている人」が存在する。

私たちがお金を手にするとき、反対側には必ず自分以外の誰かがいる。自分でお金を刷らない限り、自分でお金を作り出すことはできない。ゆえに、直接的にせよ、間接的にせよ、必ず他人からお金が回ってくる構造になっている。

お金がたくさん入ってくる人がいるということは、どこかにお金をたくさん支払っている人がいるということだ。あなたが収入を得るということは、誰かが必ずお金を支払っているということだ。この原理原則を忘れてはならない。

お金の教養その③の「使い方」でも、

- 支払った額以上の価値を得られた＝投資
- 支払った額と同じ価値があった＝消費
- 支払った額以下の価値しか得られなかった＝浪費

であると述べた。

自分がお金を支払う側として考えてみればわかることだが、人は基本的に「支払った額以上の価値がある」と判断しないと、自分の大切なお金を支払うことはない。つまり、人がお金を支払うのは、価値を感じるからだ。

では、人はどのようにして価値を判断するのだろうか。

たとえば、自分の好きなブランドのバッグには10万円を支払うことができるが、全く同じ見た目、同じ素材でも、偽物のバッグに10万円を支払うことはない。これは、見た目や素材そのものではなく、「ブランド」に価値があると考えるからだ。

経済学では、私たちが価値と呼んでいるものには、大きく分けて2つあるといわれている。1つ目が「交換価値」、2つ目が「使用価値」だ。

交換価値というのは、お金とモノやサービスを市場で交換するときの値のことだ。この値は金額によって表される。

たとえば、あなたが3歳のときからずっと大切にしているクマのぬいぐるみがあったとする。枕元に置き、毎晩一緒に寝ているので、ぬいぐるみは汚れ、ところどころ傷んでいる。

それから、母の形見として持っている赤い毛糸の手袋。母が小さい頃に祖母に編んでもらったそうで、大人になってからも母は大切に寝室の棚に飾っていた。

どちらも、他人から見たら、「商品」として市場で売ることはできないかもしれない。つまり、「交換価値」はゼロだ。しかし、自分にとってかけがえのないものであったなら、引き換えに10万円、100万円をもらえるとしても譲りたくないだろう。交換価値がゼロであったとしても、大切な思い出や感情が詰まっているので、あなたにとっての価値はとても高いということだ。

こうしたときに、あなたがクマのぬいぐるみや赤い毛糸の手袋に感じている価値。これが2つ目の「使用価値」だ。この特徴は、ある人にとってはとても価値があっても、他の人から見れば全く価値を感じない、ということが当然のように起こりうるということにある。つまり、使用価値の大きさは、人によって変わる。

もう1つ例を挙げよう。

あるセレクトショップで、仕入れ値が1万円の洋服を、店頭で10万円で売っていたとする。仕入れ値は、ほぼ交換価値だ。「1万円で仕入れたものに9万円も利益を上乗せするなんてぼったくりだ」と思う人もいるかもしれないが、セレクトショップで店側が売っている価値は、「洋服」という商品そのものだけではない。そこには「商品をセレクトするセンス」や「あなたが本来、そのセンスの良い洋服を探し出すのに必要な手間」が上乗せ

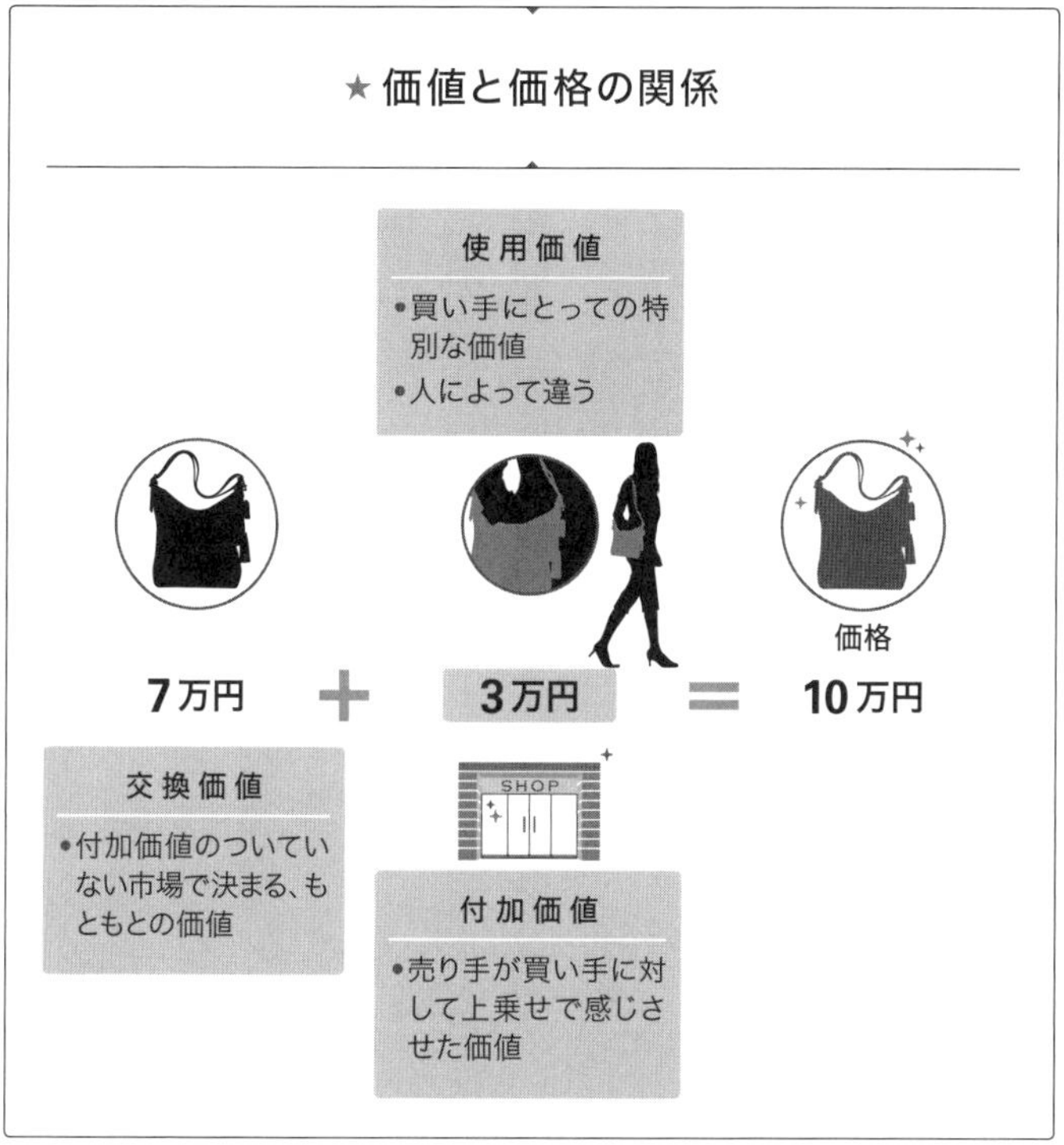

★価値と価格の関係

されている。

　この上乗せされた価値が、いわゆる「付加価値」であり、買い手にとっては「使用価値」ということになる。言い換えると、セレクトショップの顧客は「自分の価値観に合ったものを選んでもらうという使用価値」にお金を払っているといえる。

　もし「商品をセレクトするセンス」や「本来、そのセンスの良い洋服を探し出すのに必要な手間」に9万円の価値がないと多くの消費者が感じれば、店頭価格は結果として下がっていくはずだ。反対に、もしそのセレクトショップが1万円で仕入れた洋服を10万円で売り続けることができているとしたのなら、それはこのショップが提供している付加価値が、買い手である顧客に十分に価格と見合っていると認められている証拠ともいえる。

その「価値」を構成するものは何か

もう1つ、価値と価格を考えるうえで意識したいことがある。それが、その価値を生み出しているのが人、つまり人間なのか、それとも機械なのか、ということだ。

例としてわかりやすいのは寿司だろう。下積みから修行を重ねて技術を磨いてきた大将が、一貫一貫心を込めて握った寿司と、すべて機械によって自動化され、人の手を介さずに握られた寿司。同じようにカウンターで食べるにしても、その価値を構成しているものの中身は大きく違う。

寿司の名店と回転寿司ではそもそも価格帯が違うから、という単純なことではない。同じ700円の煮魚定食であっても、昔ながらの定食屋で提供されるものと、ファミリーレストランで提供されるものでは、過程がまったく異なる。

前者は（料理の腕前はともかくとしても）、仕入れた魚を店でさばいて鍋で煮て、経験をもとに調味料を加え、その都度、味見をしながら完成する。一方、後者は工場のラインで製造され、個別にパッケージングされて店舗に運ばれる。それをアルバイト店員が決められた時間、決められた温度で温めて提供しているのが一般的だろう。言ってみれば、スマートフォンやビニール傘と同じ「工業製品」である。

700円という価格は同じでも、その価値の中身は本質的に異なるということがわかる。家具や服もしかりだ。職人が1脚1脚手作りしている椅子と、組立工場のラインの中で大量生産されている椅子。職人が1枚1枚裁断から裁縫まで手作りしているワイシャツと、縫製工場のラインの中で大量生産されているワイシャツ。これらの価値の違いは明らかだろう。

価値の違いは理解できるけれど、手作りのものは大量生産のものと比べて価格が高くなりがちだから、限られた収入の中では工業製品に頼ってしまうのも仕方のないことなのではないか、という反論もあるかもしれない。確かにそういった側面があるのも否めないが、これも突き詰めればこだわりの問題だ。

イギリス王室のキャサリン妃は、庶民的な価格でありながらもハイセンスな服を身にまとっていることで知られる。その彼女が、娘のシャーロット王女の写真を公開したときに着せていたのは、生後半年、1年ともにスペインの小さなファッションブランド「M&H」だ。すべての製品がハンドメイドであるにもかかわらず、王女が着ていたワンピースは29・95ユーロ(当時約4000円)だという。価格に対する価値が限りなく高い例といえるだろう。

私自身も、美味しいものを食べることがかけがえのない趣味の1つなのだが、店を選ぶときには、価値の中身を非常に重視している。リーズナブルで美味しくても、工業製品として作られたメニューが並ぶ店は避け、料理人自らが「美味しいものを食べてほしい」という想いを込めて料理を作ってくれる店に繰り返し通う。そして、お酒や料理はもちろん、水もあえて有料のものを注文するなど、ささやかではあるが、少しでも多くの売上げが立つような応援をしている。

ファミリーレストランにも工場にも、そこで働く「人」がいるではないか、という反論もあるだろう。もちろんそうだ。工場で働く人やその経営者にも「1人でも多くの人に届けて喜んでもらいたい」という想いがあるかもしれない。しかし、それがパッケージングされ、配送業者によって店舗に運ばれ、店舗で働く人の手によって販売されるという過程を経ることで、提供する側の「温もり」は必然的に薄まってしまう。

何も、工業製品だから悪いと言っているのではない。重要なのは、お金を支払うときに、その価値の中身は何なのかを意識する、ということだ。「寿司が○○円」「煮魚定食が○○円」「椅子が○○円」という支払う対象のモノやサービスと価格とを比較するだけでなく、それがどういった過程を経てここに存在しているのかを考える習慣をつける、ということだ。そうすることで、さらに複眼的に価値を見極めることができるようになる。

「付加価値」を生み出せばビジネスになる

セレクトショップの例からもわかるように、買い手にとっての「使用価値」とは、裏返すと、売り手が作った「付加価値」であるともいえる。交換価値がいくら安かったとしても、使用価値への信用が高ければ、結果として価格が高くても売れる。

したがって、あなたが稼ぐ力を上げたいとき、つまり売り手側に立ったときには、「交換価値と使用価値の差が大きいのは、どのような商品・サービスか」「同じ商品・サービスでも価格差を生むにはどうすればよいか」「どうしたら大きな使用価値を感じてもらうことができるのか」を考え、実現していけばよいということになる。セレクトショップの例でいえば、あなた自身が差額の9万円分の「付加価値」を生み出せれば、それがビジネスになるのだ。

ここでいうビジネスとは、何も起業をするということだけを指しているのではない。たとえあなたが会社員だったとしても、この視点を携えたうえで仕事をするのと、漫然と与えられた仕事をするのとでは、結果が大きく異なる。その結果の違いは、いずれ必ず給料として跳ね返ってくる。雇う側からすれば、大きな収益を生み出す社員には、その分を給料として還元したいと考えるのが当然だし、その社員自身が生み出した収益の中から一部を給料として還元することは、会社にとって何の痛みも伴わない。むしろ、給料が上がらないことでモチベーションが下がったり、転職されたりしたほうが痛みは大きい。

このように、あなたが価値と価格を見極める力を磨けば、それは長期的には必ず稼ぐ力として収斂していく。

価値と価格を見極める5つのSTEP

価値（バリュー）と価格（プライス）を見極める力、それは、そのままその人の稼ぐスキルとして表れる。

価値と価格を見極める力には、次の図のように5つのSTEPがある。この5段階のSTEPを徐々に上げていくことで、稼ぐ力がついていく理由を説明しよう。

まず、①の「一般消費者」というのは、基本的に価値と価格を見極めることができず、「50％割引」「本日限りの限定品」などと聞くだけで得した感を得て、お金を支払ってしま

★価値と価格を見極める5つのSTEP

STEP① 一般消費者

▼

STEP② 価値を見て買い物ができる消費者

▼

STEP③ 価値と価格の差をビジネスにできる人

▼

STEP④ 価値を作り上げることができる人

▼

STEP⑤ 作り上げた価値を世の中に拡散できる人

う人のことを指す。つまり、そのモノやサービスの価格やセールストークだけを判断材料にお金を支払っているということだ。この場合、人生においてより多くの支出を強いられることになる。

②の「価値を見て買い物ができる消費者」とは、いわゆる「しっかり者」と呼ばれるような人のことだ。価格にごまかされずに、しっかりとそのモノやサービスの価値を判断して買い物ができる。ときには店舗ごとの価格比較を行ったり、価格交渉を行ったりもする賢い消費者のことである。

③の「価値と価格の差をビジネスにできる人」とは、自らが消費者として価値と価格の差を理解したうえで、それを消費者側としてだけでなく提供側としても利用できる人のことである。

一番わかりやすい例は、問屋だ。1本100円で仕入れたボールペンを、150円で小売店に卸すという商売。これはまさに価値と価格の差をビジネスにしている。メーカーと取引ができる権利を確保し、同時に小売店への販売経路を確保し、その価格差を利益とするビジネスモデルだ。

この場合、利益幅の大きな市場を探せれば探せる人ほど、世の中では「できるビジネスパーソン」となる。たとえば、ボールペンの利益幅よりも高い市場が他にあれば、それを探し当て、ビジネスにしていくというスキルである。

市場から仕入れた大きなマグロを、100グラム、200グラムといった柵《さく》に小分けして販売する魚屋。経営の知識やノウハウのある人が経営者にその一部を教える経営コンサルティング。1棟マンションを建築し、区分ごとに小分けして所有権を販売する不動産デベロッパー。空間と時間を小さく区切り、貸し出すコインロッカー。

これらはそれぞれ、市場（マーケット）の差、量の差、知識の差、資金の差、時間の差、などを利益の源泉としており、アービトラージと呼ばれるビジネスの手法だ。こうした差によって価値と価格に差を生み出し、利益を上げていくということである。

④の「価値を作り上げることができる人」とは、差を生み出すだけではなく、自ら付加価値を作り上げ、その結果として価格も高められる人のことである。

価値の高め方は実にさまざまだ。消費者の利便性を価値として高める、そのモノやサービスができるまでのストーリーを価値として高める、デザインによって価値を高めるなど工夫次第で付加価値を生み出す可能性は無限大だ。

わかりやすい事例として挙げられるのがアップル社だ。本来、ノートパソコンでないと担保できなかった機能をポケットに入れて持ち歩けるようにしたｉＰｈｏｎｅは、瞬く間に世界中に新たな価値を広げていった。その価値の中身は、機能性だけではない。開発までのストーリーやデザイン性なども大きな付加価値となっているといえるだろう。

書店という形をライフスタイル提案として進化させた蔦屋書店や、手元にペットを置いておけるというまったく新しい価値を作り上げたたまごっち。これらも単に価値と価格の差を利用しただけではなく、自ら価値を高めて成功したり、これまでにない新しい価値を送り出すことで市場ごと新たに作り出したりした好例だ。

そして、５つのＳＴＥＰの最後となるのが、「作り上げた価値を世の中に拡散できる人」だ。モノやサービスとして新しい価値を生み出したとしても、それが世の中に広がらなければ、あまり意味がない。作り上げた価値をどれだけ世の中に拡散できるかということが、どれだけ大きな規模で新たな価値を創造できたかということに直結するのだ。

これも、ｉＰｈｏｎｅを例にとるとわかりやすい。

ｉＰｈｏｎｅの２０１５年の出荷台数は、世界で２億３１５０万台を記録した。世界級でこれだけの台数のｉＰｈｏｎｅが利用されているということは、それだけ世界に大きな価値を提供しているということでもある。

付加価値が上がれば、価格も上がる。アップル社の２０１６年度第２四半期の売上総利益率は39・４％に及ぶ。価値を作り上げ、その価値を世の中に拡散する。その価値を世の中の多くの人が享受することにより、会社はより多くの利益が上がり、長期的には社会全体がより便利に、快適になっていく。価値と価格を見極める力を高めていくことは、互いにこういった好影響をもたらすのだ。

時間連動からの脱却

アメリカのジャーナリストのトーマス・フリードマン氏は、著書『フラット化する世界』（日本経済新聞出版社）において、「グローバル化が進む世界の中では、先進工業国の賃金水準は発展途上国の賃金水準に収斂していく。また、ＩＴ化が進展すれば、あらゆる費用が限りなくゼロに近づいていく」という展望を示している。

これまで国内で行われていた仕事が海外で代行される事例は急増している。英語でのカスタマーサポートなどの電話受付業務はフィリピンやインドに集中している。システム開発なども、人件費の安いベトナムなどの国にアウトソースする事例が増えている。時間連動の仕事は、今後ますます、競合が世界中にあふれてくることが必至だ。

ＩＴ化の影響は、電車の切符切りを思い浮かべるとわかりやすい。20～30年前には駅の改札に駅員が立っていて切符を切ってくれるのが当たり前の光景だったが、今ではほとんどが自動改札に取って代わられている。

自動車の自動運転技術が発達すれば、タクシーにしても、トラックにしても「運転手」という職業の需要は下がっていくだろう。スーパーのレジの自動化が進めば、レジ打ちという職業は存在しなくなる。スポーツの審判も、機械の正確性には勝てない。審判員という職業がなくなるのは時間の問題だろう。つまり、今は当たり前のように存在する仕事でも、何十年か後には、存在していないかもしれないということだ。

オックスフォード大学で人工知能などの研究を行うマイケル・Ａ・オズボーン准教授らが２０１４年に発表した「雇用の未来――コンピューター化によって仕事は失われるのか」という論文が話題になったのを覚えているだろうか。同氏らが、アメリカの労働省のデータに基づき、７０２の職種についてＩＴ化の進展によってどれだけ影響されるかを分析したところ、約47％が淘汰されるリスクが高いという結果になった。日本とて状況は同じである。

嫌なこと、つらいことを我慢さえしていれば、安定した収入が保証される時代は近い将来、確実に終焉を迎える。稼ぐ力を上げていきたいと考えるのであれば、どうすれば開発途上国の賃金水準やIT化の進展に太刀打ちできるのかを真剣に考えなければならない。

その鍵を握っているのが、日々のルーチンワークや資料の作成といった「時間連動」の仕事から、ディレクションやクリエイティブワークなどの「成果連動」の仕事への脱却だ。

業種やポジションにもよるだろうが、一般的なビジネスパーソンの仕事の7～8割は時間連動の作業に費やされているのではないだろうか。

時間連動の仕事は、フラット化する世界の中で、今後、確実に相対的な需要が下がっていく。しかし、ディレクションやクリエイティブワークなどの「成果連動」の仕事は、開発途上国の安い賃金と競争する必要もないし、埋め込まれたプログラムに沿ったアウトプットしかできない機械に取って代わられることもない。この「代わりがきかない」という付加価値こそが、あなたの稼ぐ力の礎になるのだ。

そして、時間連動の仕事の本質的な問題は、あなたが時間と引き換えに収入を得ているにすぎない、ということだ。

人生において最も限りある「時間」を差し出して収入を得る、ということは、人生を豊かにする道具であるはずのお金を得るために、人生そのものを切り売りしているということとでもある。高収入の会社員で「忙しすぎて、お金はあるけれど使う時間がない」と嘆いている人、家で過ごす時間がほとんどないために家族との心理的距離が離れてしまっている人は少なくないが、まさにこの罠に陥っていると言わざるをえない。

翻って成果連動の仕事は、働く時間に収入が連動するのではなく、成果に連動している。たとえ働く時間が1日1時間であっても、旅行先からメールで指示を出すだけであっても、成果が出ていれば同じだけの収入が得られる。

会社員であっても原理は同じだ。1日8時間、月に20日といった労働時間には変わりがなくても、同じ時間の中で大きな付加価値を生み、収入が上がれば、それだけあなたの時間的価値も高まっていく。

時間連動の仕事は、徹底的に効率化や仕組み化をすることで、費やす時間を減らすことができる。方法論については拙著『「仕組み」仕事術』（ディスカヴァー・トゥエンティワン）などを参照してほしいが、まずは効率化によって2倍の効率、つまり半分の時間にすることを1つの目標値として掲げてみよう。そして、空いた時間を、成果連動の仕事へ脱却するための基盤づくりに充ててはどうだろうか。

スパイキーな能力を高める

フラット化する世界の中だからこそ、高めておかなければならないのが、「スパイキー」な能力だ。スパイキーとは、一言でいえば「とがった」という意味だ。つまり、開発途上国の人や機械でもできるような仕事ではなく、クリエイティブな感性で付加価値の高い仕事をする人になるということだ。

これまで世の中になかった新しい商品を送り出す。これまでになかった新しい価値を世の中に生み出す。他を寄せつけない圧倒的な質の高さを誇る。そうしたクリエイティブな仕事ができていれば、たとえ時代が変化してもあなたの価値が失われることはない。

世界的なファッションブランドであるエルメス(Hermès)は、もともと馬車が主要な乗り物であった時代、馬具を製造する工房であった。しかし、自動車の登場をきっかけに馬車の需要はどんどん衰退していく。危機感の中、カバンや財布をはじめとする皮革製品の製造へと舵を切り、現在に至っている。

当時、馬具を製造する工房は数多くあったはずだ。皮革製品の製造へと業態を変化させていった工房は他にもあっただろう。その中でエルメスだけが現在の世界的な地位を確立しているのはなぜか。それは、同社の製品の創造性、そして品質が同業他社に比べて圧倒的にスパイキーだったからだ、と私は考えている。

「創造性」や「質の高さ」という価値は、周りの環境が変化しようとも変わらない。そして、その価値は、長期的に見ればあなたの時間的価値を高めてくれ、その成果が社会や会社に認められれば、時間連動の仕事によって得られる時給の限界値をはるかに超えた収入をもたらしてくれる。

このように言うと「今の勤め先は年功序列の給与体系になっている」とか「給与体系が成果連動になっていないから難しい」という反論の声が聞こえてきそうだが、原理は同じだ。先にも述べたが、どんなワークスタイルであったとしても、あなたの市場価値が高まれば、結果的にヘッドハンティングや転職、さらには独立などによっておのずと収入は上がっていく。それができないのであれば、あなたが相応の価値を生み出せていないということなのだ。

得意なところを伸ばすことに投資する

自分の時間的価値を高めるには、不得意なものを無理やり伸ばすよりも、自分の好きなことや得意なところを伸ばしていくことが有効だ。そのためにも、まず、何が自分の長所なのかを把握しよう。

1つの基準として、周りの100人の中で絶対に負けない「何か」にフォーカスを当てるのがお勧めだ。味覚の鋭さだけは誰にも負けない、誰とでも意気投合できる、決断力の速さ、クレーム対応、地図を読む力、タイピングが早い、ゆで玉子の殻をきれいにむける、エヴァンゲリオンのことなら何でも知っているなど、何でもよい。何千人、何万人規模の広い視点から見れば同じレベルの人は何人もいるかもしれないが、まずは「100人いる中でこれだけは絶対に負けない自信がある」というものを長所と定義づけよう。

「自分にはそんな能力もスキルもない」と思ったとしても、自分が気づいていないだけ、ということも往々にしてある。もしわからなければ友人に聞いてみるのもよい。

あるところに、プレゼンがとても上手な人がいた。彼のプレゼンは、内容が大変わかりやすいだけではなく、ところどころに笑いを織り交ぜるなど、緩急のタイミングも絶妙で、聴衆を飽きさせない。難しい内容のプロジェクト説明もすごくわかりやすいと評判だった。

周りから見れば、彼はもともとプレゼンの才能に恵まれていたが、彼にしてみれば、それが長所という自覚はまったくなかった。むしろ苦手意識のほうが強かった。なぜなら、人を惹きつける話し方が得意ではないと自分では思っていたからだ。だからこそ話し方の本を読んだり、プレゼンのセミナーに通ったり、自宅でビデオ撮影をしながら何度も練習を行うなど、時間をかけてさまざまなトレーニングを行い、努力をしていた。

また、勉強だけでなく、それを実践し、手応えのあるプレゼンができたときの成功体験を記録し、分析していた。どんな服を着ていたか、表情はどうだったのか、話すスピードはどうだったのか、聞き手が納得するための間はどのくらい必要だったか、相手が集中してくれるのは何分が限度か、レジュメはうまくいかなかったときと何が違うのか、どの辺でジョークを入れたら聴衆の反応が良かったのか、聴衆の年齢層はどうだったか。そうやって成功するプレゼンのコツを身につけ、それに工夫を重ね、磨きをかけていったのだ。

私が代表を務めるファイナンシャルアカデミーでは、社員に対して3カ月ごとの人事評価制度を設けているが、そこで重要な役割を果たしているのが独自開発した「パーソナルスキル（強み発見）シート」だ。このシートでは、業務に求められる強みを「企画力」「ロジカルシンキング」「リーダーシップ」「デザインセンス」「改善力」「自己管理力」といった約50項目に細分化し、それぞれ5つのSTAGE（段階）に分けている。

ここでポイントとなるのは、苦手なところを伸ばすことはしないという点だ。あくまでもその人の長所をSTAGEの考え方によって5段階で俯瞰し、伸ばすべき長所を4～6つに絞って洗い出すのがこのシートの役割だ。何がその社員が本来持っている長所なのかを互いに把握し、意識的に伸ばしていくことにより、個人の長所が組織の中での「付加価値」に変わっていく。そして、その付加価値が全体での収益を生み、個人の収入へと反映されていくというわけだ。

自分の好きなこと、得意なことの萌芽を見つけ、そこにとことん投資して磨きをかける。苦手なところには思い切って目をつぶる。この判断が正確にできるか否かが、フラット化する社会の中で揺るぎない稼ぐ力を持ち続けるための鍵を握っているのだ。

「首切りジャック」と揶揄された、ジャック・ウェルチをご存じだろうか。1981年から2001年にかけて、GE（ゼネラル・エレクトリック）の最高経営責任者を務めたアメリカの実業家である。「ナンバー1、ナンバー2戦略」と銘打ち、世界で1位か2位になれない事業からは撤退を決断することで資本力の立て直しと国際化の推進を図った。

当時、特に世界を驚かせたのは、アメリカ市場でトップブランドとして君臨していた家電分野からの撤退だ。傍目からすれば十分なポジションを確立していたにもかかわらず、日本をはじめとする技術国の台頭を見て撤退を決めた。そのくらい、徹底して強みに集中投資し、ナンバー1かナンバー2でい続けることに意味があるということだ。

もちろん、一個人が世界でナンバー1かナンバー2になるということは簡単ではない。しかし、こうした考え方そのものは、企業、個人を問わず不変の定理だ。自分の好きなことや長所に知識と時間とお金を集中投資し、伸ばしていこう。

「好きなことを仕事にできるほど、社会は甘くない」という声も聞かれる。しかし、それはその「好きなこと」が、周りの100人に負けないほどの長所にまではなっていないから結果が出ないというだけの話だ。問題は差別化と努力が足りていないところにある。なんとなく「ゴルフが好きだからゴルフを仕事にしよう」というレベルでは到底無理だ。その「好き」が高じて周りの100人に負けない強みになるレベルに到達すれば、十分、好きなことが仕事になりうるだろう。

こと日本においては、「仕事はつらくて当たり前」という先入観が蔓延している。ともすれば、「給料とは、仕事をしている8時間という時間と引き換えにもらうもの」と考えている人も少なくない。そのため、お金を稼ぐことと、好きなことを仕事にすることは全く別のものとして捉えられることが多い。

しかし、お金は信用を見える化したものだ。あなたが社会や会社の中で付加価値を生めば、そこに信用が生まれ、信用があるところには、お金が生まれる。

お金という偉大な発明によって、私たちは「自分の長所を収入に結びつける」というすべを手に入れたのだ。私たちは、お金という道具に感謝し、もっと自分の強みを社会で活かすことに貪欲になるべきだ。

お金を得るために働くのではなく、働くことそのもので自分という価値を社会に提供し、心と時間の豊かさを手に入れる。それがお金の教養の高い人の稼ぎ方なのだ。

⑥

お金の教養その⑤ 増やし方

お金の教養の7つの要素の中でも、習得までに比較的時間がかかるのが「増やし方」だ。なぜなら、その他の要素と異なり、家庭でも学校でも、ほとんどの人がこの要素について学んだことがないからだ。そのため、「資産運用」や「投資」と聞くだけで「リスクがあるから怖い」とか「難しそう」というネガティブな先入観で拒絶をしてしまいがちだ。

しかし、これからの時代に生きる私たちは、この「お金を増やす」という知識やスキルを身につけていかないと、かえってリスクを増幅させてしまいかねない。

これまでは、自分自身が働いてお金を稼げば、多くの場合、生活はそれで事足りた。なぜなら、給料は年功序列で上がり、定年のときにはまとまった退職金が受け取れ、老後は公的年金で生活をしていくことができたからだ。

でも、これからは、違う。

★老後に必要な生活費

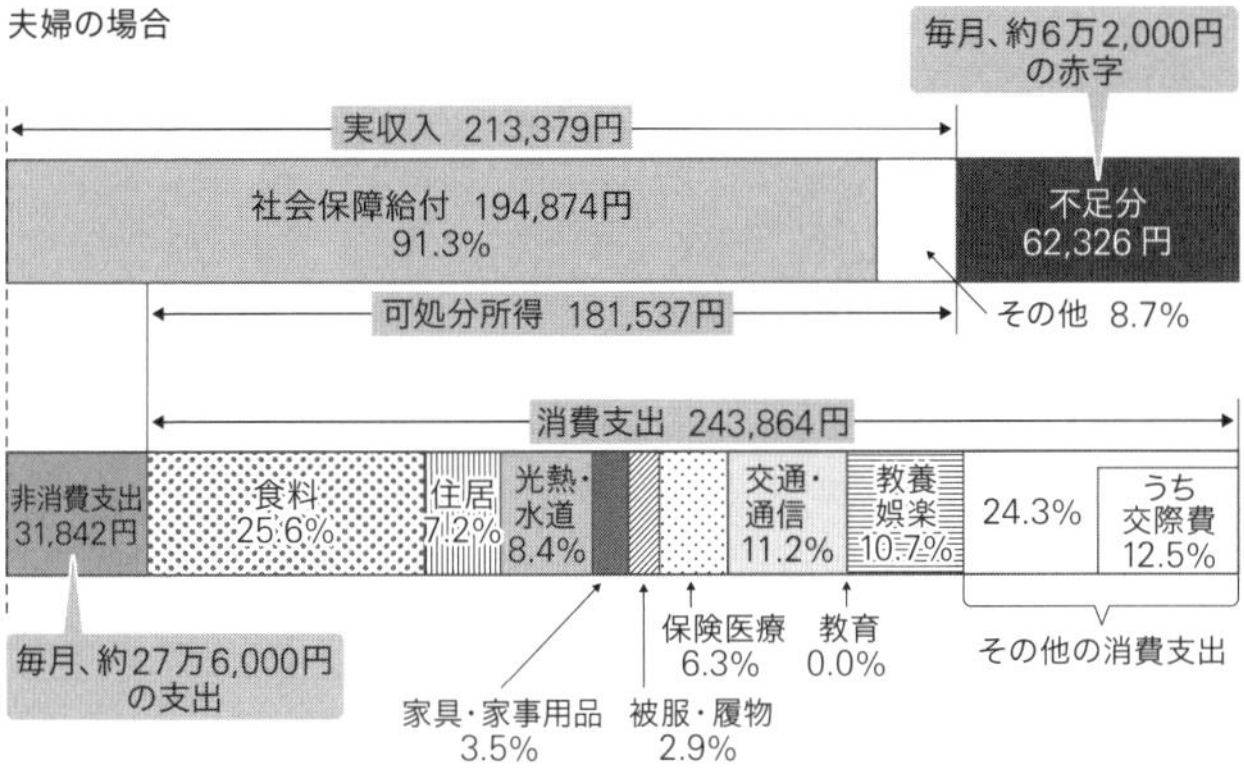

出所：総務省統計局「家計調査報告」（家計収支編）2015年平均速報結果の概況

終身雇用はすでに崩壊に向かっている。企業が退職金制度を持たないのも今や当たり前。加えて、公的年金制度は息も絶え絶えだ。

総務省統計局の「家計調査報告」（2015年）をもとに、現在年金生活を送っている人の平均的な家計を見ても、すでに夫婦の場合で約6万2000円の「赤字」になっている。つまり、「勝ち逃げ世代」と揶揄される現在の年金生活者層においても公的年金だけでは足りず、金融資産を取り崩しながら生活しているのが現実、ということだ。

生活困窮者支援のNPOの代表理事であり、『下流老人』（朝日新書）の著者である藤田孝典氏は、「このままだと高齢者の9割が貧困化する」と示唆する。生活保護受給者全体のうち、65歳以上の高齢者が占める割合はすでに40%を超えている。現在でさえこのような状況であるなら、年金財政の悪化が進む10年後、20年後はさらに厳しい状況になることは想像に難くないだろう。

お金と共働きをする

資産運用とは、「自分のお金に働いてもらう」ことである。

働くとは、社会や会社に価値を提供して、お金を得ることだ。会社員であれば、自分の時間や能力、スキルを提供して、給料という形でお金を得ていることになる。

では、お金に働いてもらうとはどういうことだろうか。これは、株式投資で考えるとわかりやすい。

私たちが株式を買うと、そのお金は間接的に投資先の企業に流れていく。企業は、その資金を活用することで新しい商品やサービスを世の中に送り出す。その商品やサービスの価値が世の中に広く認められれば、売上げが伸び、利益が出る。利益が出れば、株式を買った投資家は、配当金という形でその利益の還元を受ける。もしくは、業績が伸びたことによって株価が上昇すれば、売却益を得ることもできる。

つまり、どちらも社会や会社に何かを提供し、その見返りとしてお金を得るという基本的な仕組みには変わりがない。自分が働くか、自分のお金が働くかの違いでしかないのである。

お金に働いてもらわずに自分だけが働いている状態は、いわばロープ1本で崖からぶら下がっているようなものだ。単身世帯もさることながら、一家の大黒柱である父親が、病気で長期療養を強いられたり、リストラで仕事を失ってしまったりすると、とたんに生活費の土台が崩れてしまいかねない。

こうした場合でも、日頃からお金に働いてもらい、資産運用による収入源を確保できていれば、多少なりとも家計を安定させることができる。同じように崖からぶら下がっているにしても、ロープは1本よりも2本のほうがはるかに心強い。

リスクの本質

資産運用にはリスクがある。これは確かに真実だ。どんなに最先端の金融工学をもってしても、この事実は変えようがない。

しかし、資産運用をしないことは、単にリスクを回避することにほかならない。「放っておくと将来の生活費が足りなくなるリスク」「収入源が1種類しかないリスク」。資産運

★リスクの階層図

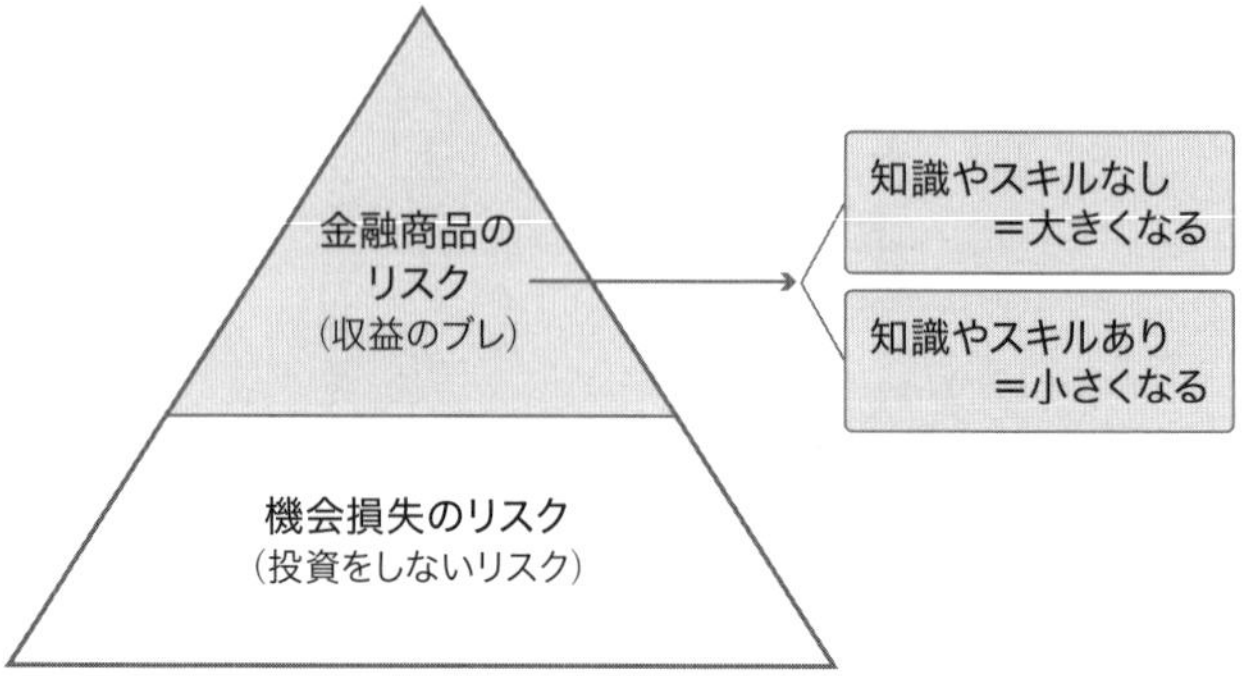

用をしないということは、人生におけるこうしたリスクをそのまま放置しておくということでもある。

資産運用でよく言われる「リスク」とは、金融商品の収益のブレを指す。投資した資金が減ってしまうリスクと言い換えるとわかりやすいだろう。

確かに、一部には「元本割れするかもと考えただけで怖くて夜も眠れない」という人もいる。こうした人は、資産運用によって資金が減ってしまうリスクをとることは精神衛生上、良くないかもしれない。

しかし、こうした金融商品そのものが持つリスクは、実はとても限定的なリスクだ。上の図を見てもわかるように、本当の意味で冒してはならないリスクは、「このままでは老後の生活費が足りないかもしれない」といった自覚がありながら、策を講じずに放置しておくこと、つまり「投資をしないリスク」を取り続けることではないだろうか。

また、「この金融商品はリスクが高い」とか「この金融商品は安全」といった下馬評もよく耳にするが、リスクの度合いは金融商品によって絶対的に決まるものではない。なぜなら、リスクを大きくするのも、小さくするのも、投資をする人、つまり自分自身だからだ。

たとえば、私たちが時速200キロメートルで車を運転することは、命を落とす可能性が高い、とても危険な行為だ。しかし、運転しているのがF1レーサーだったらどうだろう。プロとしての経験と技術があれば、それほど危険な行為とはいえないのではないだろうか。

資産運用もしかりだ。世界で最も著名な投資家として知られているウォーレン・バフェットが行う株式投資と、ギャンブル好きの人が行う株式投資。同じ株式投資だが、リスクは果たして同じといえるだろうか。

「投資は危険だ」と思うなら、そのリスクを助長させているのは、他ならぬあなた自身だ。知識やスキルを磨けば、金融商品のリスクは小さくできる。そして、それよりもはるかに致命的といえる、投資をしないことで「将来の生活費が足りなくなる」というリスクや、機会損失のリスクを回避することができるのだ。

フロー収入とストック収入

世の中の「お金持ち」と呼ばれる人は、実は2種類に分けることができる。

1つは、たくさんの稼ぎがある「フローリッチ」。そしてもう1つが、たくさんの資産を持った「ストックリッチ」だ。

ハリウッドで活躍している世界的大スターや、タイガー・ウッズのような世界トップクラスのアスリートは、紛れもなく高額所得者、つまりフローリッチであるが、世界の長者番付・億万長者番付ではほとんど上位にランキングされない。こうした番付で常に上位にランキングされている「お金持ち」の多くは、ビル・ゲイツやウォーレン・バフェットなど、企業の創設者や投資家、つまりストックリッチだ。

そして収入には、「フロー収入」と「ストック収入」の2種類がある。フロー収入とは、自分が働くことで得られる収入のことで、「労働所得」とも呼ばれる。そしてストック収入とは、不動産や会社を資産（ストック）として所有することで、労働に関係なくそれらの資産から入ってくる収入のことだ。預金の利子や株式の配当金、不動産投資の家賃収入などがこれにあたる。こちらは労働所得に対し、「資本所得」と呼ばれる。

私たちがこれまで学校で受けてきた学問教育と職業教育は、いってみればフロー収入を高めるための教育だ。読み書き能力を上げ、専門性を高め、特定の分野の仕事のプロになることで収入を得ることをめざした教育だ。

フロー収入のメリットは、働くことで確実に収入になるということだ。しかし、マイナスになることはない反面、自分が働かないと収入が途絶えてしまう。もしも病気で働けなくなったり、会社を辞めたりすれば、社会保障からの給付金はさておき、それまでの収入はなくなってしまう。お金と時間に安定的にゆとりのある人生を送りたいのであれば、遅かれ早かれ、収入源がフロー収入だけという状態から脱却することが不可欠なのだ。

加えて、資産運用を行うことでストック収入を増やしていくことは、フロー収入が途絶えたときのリスクヘッジになるだけでなく、将来の自由やゆとりに向かって可能性を広げていく行為でもある。

まずは頑張って働き、フロー収入を高める。そのお金でストック収入を生む資産を購入する。この行為を繰り返していくと、雪だるまの芯が徐々に大きくなるように、相乗効果で収入全体が大きくなっていく。

今、20代の人はとにかく集中してがむしゃらに働き、フロー収入を高めるための努力をしよう。それが将来、大きなストック収入を得ていくための原資になる。並行して、将来

★年代別のフロー収入とストック収入の理想バランス

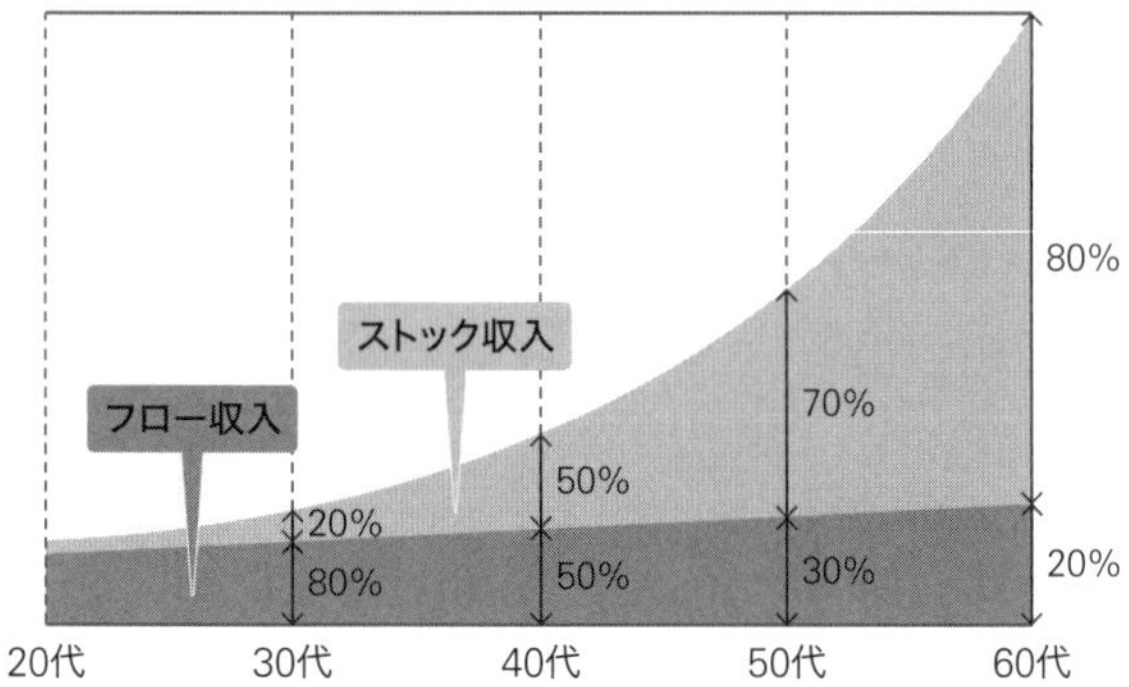

ストック収入を得ていくために必要な知識を身につけておけば、資金が貯まってくると同時に、効率良くストック収入を得られるようになる。

めざしたい理想バランスは、30代で収入の20%、40代で50%、50代で70%がストック収入になることだ。そして、60代に差し掛かる頃には80%がストック収入になり、なおかつ、それで十分生活できる規模にまで大きく膨んでいることをイメージして取り組もう。これが達成できれば、年齢を重ね、若い頃のようにがむしゃらに働く体力がなくなってきても、ストック収入によって心と時間にゆとりを持った生活が実現できるのだ。

早いうちから戦略的に、将来に向かって安定的なストック収入を築いていく道程を描くこと。これが、資産運用を本当の意味で人生の味方につけるための極意だ。決して目先の錬金術で終わらせてはならないのである。

7

お金の教養その⑥ 維持管理

お金を稼ぐ能力と、お金を維持管理する能力は、全く別の能力だ。この点を正確に理解していないと、私たちは年収だけで他人を「お金にゆとりがある」と判断してしまう。そして、自らに対しても「収入さえ増えれば問題はすべて解決する」と錯覚してしまう。

しかし、どんなにお金を稼ぐ能力を向上させたとしても、お金の教養そのものを高め、お金を「持ち続ける」能力を身につけなければ、お金は手の中をすり抜けていくばかりだ。

ここでいう維持管理とは、日々の家計管理とは異なり、まとまった資金や資産の維持管理を指す。

特に、退職金や相続などで一気に大きなお金を手にしたときに、この維持管理する能力があるのとないのとでは、結果が大きく異なってくる。

退職金によって数千万円という、これまで手にしたことのない金額の資産を保有することが現実になったとき、「少しでも増やさなければ」と仕組みを理解しないまま金融商品を購入したり、気が大きくなって「資産になるから」と土地を購入したりといった行動を取る人も少なくない。

「相続は争続」という言葉があるように、血のつながった身内であっても、まとまったお金の相続となると奪い合いをしてしまうことが多発する。お金を得たいという欲に意識が強く向いてしまうことにより、道具でしかないはずのお金を奪い合い、それよりも大切であるはずの血のつながった人間同士の信頼関係を壊してしまうのだ。

こういった事態を避けるためにも、維持管理のお金の教養はとても大切だ。相続は誰しもに発生する。ゆえに、被相続人である自分自身が先回りして対策を行っておくこと。そして、相続人の側も、いざ相続が発生したときに、奪い合うのではなく、信頼関係を保てる形でバランスよく分けるというお金の教養が必要になってくる。

お金の考え方、貯め方、使い方、稼ぎ方、増やし方などの教養を高めても、維持管理ができなければ、元の木阿弥だ。維持管理は、地味だけれど長期的に資産を築いていくために欠かせない重要なお金の教養の要素といえる。

借金の返済の仕方にも「教養」がある

日本では、「借金は悪」とか「借りたお金は早く返さなければならない」といった考えが根強い。そのため、マイホームを購入して住宅ローンを組むと、少しでも多く繰上げ返済しようと躍起になる人が珍しくない。

それに追い打ちをかけているのが、経済評論家やファイナンシャルプランナーなど「お金の専門家」と呼ばれる人々だ。彼らの多くが「住宅ローンは早めに繰上げ返済しましょう」とアドバイスするため、繰上げ返済への情熱はさらに高まっていく。

もちろん、それも1つの正論だ。しかし、いざ繰上げ返済をする前に、一度考えてみてほしい。資産運用の知識やスキルがあるなら、あえて繰上げ返済をせずに、住宅ローンの金利以上の運用利回りをめざすというのも維持管理のお金の教養の1つだ。

借金の金利以上の運用利回りが出せるのであれば、そもそも慌てて返済する必要もない。むしろ借金によって運用をするための資金を調達できたとも考えられる。近年では金利が1%を切る住宅ローンも珍しくない。住宅ローン控除を受けることで得られる節税効果のほうが、繰上げ返済による金利削減効果より大きい場合もあるだろう。

住宅ローンの繰上げ返済に勤しむあまり、急にお金が入り用になったときに困ってしまったという話もよく聞く。そうでなくても、住宅ローンの繰上げ返済をする一方で、自動車をローンで購入している人は珍しくない。

自動車ローンは住宅ローンよりも通常、一般的に金利が高い。複数借金があるのであれば、金利の高いものから返済していくというのが鉄則であるし、繰上げ返済する一方で、それよりも金利の高いローンを組むのは本末転倒以外の何者でもない。借金を返済することによるメリットと、あえて返済せずにおくことのメリットを冷静に比較できることも、お金を維持管理していくうえでは欠かせない能力なのだ。

「期限の利益」に目を向ける

「期限の利益」という言葉をご存じだろうか。

借金には通常、返済期限が設定されている。裏を返すと、債務者はこの期限が到来するまでは返済する義務がなく、返済を求められることもないということだ。このことを債務者にとっての「利益」と見るのが「期限の利益」という考え方だ。

返済期間が20年のローンを組んだとしたら、当然のことながら20年にわたって返済をしなければならない。しかし、これは同時に「20年間、毎月決められた金額だけ返してくれれば、残りはそのまま貸しておいてあげるよ」と金融機関が猶予をくれているということでもある。

もしあなたが住宅ローンを組んでいるのであれば、自宅の引き出しから、ローンの契約書（金銭消費貸借契約書）を探し出し、裏面に細かくびっしりと書いてある条文を隅から隅まで読んでみてほしい。必ず債務者が債権者に不利になることを行った場合には「期限の利益」を失う、という「期限の利益の喪失条項」が記載されているはずだ。これは住宅ローンを組んだ時点で、あなたは「期限の利益」という目には見えない利益を得ているという紛れもない証だ。

住宅ローンは世の中にさまざまある借金の中でも最も金利が低い。住宅ローンを組むということを別の角度から見ると、最も金利の低い方法で、数千万円というまとまったお金を「調達」できているともいえるのだ。

借金が一口に悪いものとはいえない。「期限の利益」にも目を向けたうえで、賢く付き合い、お金の維持管理に活かしていけるのも重要なお金の教養だ。

⑧ お金の教養その⑦ 社会還元

私たち日本人は、欧米に比べて寄付やチャリティについて日常的に考える機会が少ない。これには、アメリカなどと比べて所得控除の対象になる寄付先が少ないという税制の問題もあるかもしれない。

経済的に恵まれた日本という国で生まれ、育ってきた私たちは、普通の生活をしているだけでも、世界の中で相対的に見れば、現時点では十分に贅沢をしているといえるだろう。貯蓄が思うようにできないとはいっても、1000円、2000円の寄付をする余裕がないほど困窮している人は少ないはずだ。

お金は自分1人で貯め込んでいても、自分のためだけに消費していても、その満足感は限定的だ。お金を持っているという安心感を得たり、モノやサービスに交換することで楽しみを得たりする。それ以上にもそれ以下にもならない。

そこで、7つ目のお金の教養として身につけたいのが、「社会還元」だ。

近年では、従来のような寄付やチャリティに加え、さまざまな社会還元の方法がある。フェアトレードなど、消費者としての立場から社会還元をしていく方法もあれば、SRI（社会的責任投資）ファンドに投資したり、株主優待商品の選択肢として寄付を選択したりするなど、投資家としての立場から社会還元をしていく方法もある。クラウドファンディングの仕組みを使って人や企業を支援することもできるし、社会起業という方法で自分が収入を得るということと社会還元を両立させることもできる。

「社会還元」という言葉の響きに臆することなく、自由な発想で自分にできることはないかを考えていきたい。

「魚の釣り方を教える」という社会還元

社会還元の方法は、何もお金や物資を送ることに限定された話ではない。ボランティアのように労働力を差し出すということだけでもない。なぜならば、あなたの資産は、お金や労働力だけではないからだ。

もしあなたが、人の心を動かすスピーチが得意で、どうすればそんなスピーチができるようになるのかを人に教えられるとしたら、毎月1000円をどこかに寄付するよりも、毎月友人や知り合いにその方法を教えてあげたほうが価値が大きくなる可能性がある。

あなたの指導によって、5人の友人のスピーチのスキルが上がったとしよう。その5人が、さらにたくさんの人にスピーチの方法を伝えていけば、世の中にスピーチの上手な人がどんどん増えていく。あなたが生み出した価値が、加速度的に世の中に広がっていく。

目を凝らせば、こうした「無形資産」は何かしらあなたの中に眠っているはずだ。

2016年4月に起こった一連の熊本地震では、炊き出しや瓦礫の運搬、救援物資の仕分けといったボランティアとともに、50名ほどの登山愛好家が、命綱をつけて被災した住宅の屋根に登り、雨漏り対策としてブルーシートを張っていた。こうした趣味で培ったスキルの中にも、普段から周りの人に教えたり、広めたりしておければ、今後震災が起こった際に、間接的に何十、何百人もの人を救うことができるかもしれないものがあるということだ。

これはスキルに限らない。正しい考え方や物事の見方を伝えたり、お得な情報を教えたりといったことでもよい。あなたが発信した「良いこと」が世の中に広がっていけば、それは立派な社会還元になる。

一度、改めて自分の長所について振り返り、自分が持っている「無形資産」の棚卸しをしてみよう。寄付やボランティアは、あなたのお金や労働力、つまり「魚」をダイレクトに提供することだが、あなたがこれまでの人生で培ったスキルや経験を社会に還元していくことは、いわば「魚の釣り方」を社会に教えていく、ということだ。

有益な情報や経験、スキルを周りに惜しみなく伝えていけば、それが巡り巡って世の中を良くすることにつながる。そして、与えれば与えるほど、自分自身の人としての器が大きくなる。周りにも、惜しみなく与えようという「類友」が集まってくる。こうして、結果的に人生の充足感が増していくのだ。

「自由」そして「ゆとり」とは

お金の教養を身につけることの最終ゴールは、経済的にも心理的にも自由でゆとりのある人生を実現することにある。

ここでいう自由とは、「自ら方向を定め、そこに向かって自ら歩んでいける状態」のことを指す。やりたいことを自分で定め、お金や時間といったものの制約を受けずに、多くの選択肢の中から実現に向かっていける状態こそが自由な状態といえる。

一方、ゆとりとは何だろうか。これは、言い換えると「自らが経済的・心理的に恵まれ、それを社会に還元できている状態」といえるだろう。

自分だけが経済的に豊かになったとしても、周りの人々や社会に対して何も還元できていない状態では、人はおそらく、経済的なゆとりは実感できても、心理的にはどこか物足りなさを感じるはずだ。これまで培った自分のスキルや経験を活用し、周りの人々や社会が必要としている価値を提供する。それが周りの人々や社会で活かされる。

こうした社会還元は、裏を返すと、自分が社会から求められるということでもある。そして、この「求められる」ということこそが、人生にとってかけがえのない、本物の「ゆとり」を生み出すのではないだろうか。

第5章

お金の教養にはSTAGEがある

❶

お金の教養STAGEとは何か

私が「お金」と「人の思考や行動」とのかかわりに興味を持つようになって20余年。そして、金融経済教育に携わって15年。この長い歳月の間、このテーマは本来、飽き性である私を一度も飽きさせることなく、探究心を刺激し続けている。

私がこうしたことに興味を持った原体験には、身の回りで感じたいくつかの「違和感」がある。お金との付き合い方における「正解」が状況によって異なるように感じたり、同じような行動であっても、人によってその行動が「正解」かどうかが分かれるように感じたり――。こうした違和感が私の探究心を呼び覚まし、長い歳月をかけて仮説と分析を繰り返した結果、本章のタイトルでもある「お金の教養STAGE」をはじめとする「STAGE」という概念フレームワークが誕生したのである。

違和感とは、たとえばこんなことだ。普段は生活用品の多くを100円ショップで調達している主婦が、テレビのワイドショーで、有名芸能人が100円ショップで買い物をしているという報道を見ると、「あの芸能人はケチだ」と言う。自分と行動は同じであるにもかかわらず、だ。

この矛盾を解き明かすのが、お金の教養STAGEだ。

100円ショップで買い物をするという消費行動そのものは、自分と同じだ。それなのに、自分のことを棚に上げて「ケチ」「お金に細かい」と揶揄する。

違う点は、それぞれの経済状況だ。

その主婦が管理している生活費が毎月8万円だとしたら、その中でやりくりをするために100円ショップで買い物をするのは正しい消費行動だ。

一方、仮に年収1億円の芸能人が100円ショップに行くと、潤沢にお金があるのに100円ショップに行くのは正しくない消費行動だ、と捉えられてしまう。本来はその行動自体に非難されるべき理由はどこにもないはずにもかかわらず、だ。

なぜ、同じ行動をとっているにもかかわらず、このような受け止め方のズレや違和感が生じるのか。

それは、私たちの潜在意識の中に「人は経済状況に見合ったお金との付き合い方をするべき」という思考があるからである。「月8万円の生活費の中でやりくりするには100円ショップが適切」という意識が、同時に、「年収1億円の中であればもっと高い消費を行うのが当然」という意識を生むのである。

これとは逆の現象もある。

一流のプロスポーツ選手がポルシェに乗っているのは、それほど違和感がない。しかし、社会人になりたての20代の若者がポルシェに乗っていたらどうだろうか。

スポーツ選手がポルシェに乗っている姿を見ると私たちはこう思う。「並大抵ではない努力をしてきて今の地位を獲得したのだから、ポルシェに乗るくらい当然だ」と。一方で20代の若者に対してはこう思う。「まだ稼ぎも少ないのに、ポルシェに乗るなんて早すぎる」と。

この場合も、「ポルシェを買う」という消費行動そのものは同じ。違うのは、2人の経済状況だ。

一流、つまり高い年俸を稼いでいるスポーツ選手であれば、ポルシェを買うのは正しい消費行動だと多くの人が感じる。だが、収入が少ないであろう若者がそれと同じ消費行動をとると、金銭感覚に問題があるように映ってしまうのである。

こうしたズレや違和感こそが、お金の教養STAGEの考え方の原点なのである。

世界の見え方はSTAGEごとに違う

地球上には、人間をはじめとする哺乳類、両生類、昆虫類、魚類など、さまざまな生き物が生息している。ある研究によると、同じ世界に生きていても、人間と動物、小さな生き物では見え方が大きく異なるらしい。

シマウマなどの草食動物は、眼が頭部の左右の側面についているために、パノラマ写真のような風景の世界に生きている。犬や猫から見た世界は全体的に青っぽい緑色で構成されている。蛇は眼でも熱を感知することができるため、人間にとっては真っ暗な夜でもサーモグラフィーのように景色が見えているらしい。

眼にたくさんのレンズがついている昆虫は、紫外線レンズを通したような状態で世界が見えているといわれている。たとえば、モンシロチョウは雌に比べて、雄のほうが強く紫外線を反射する。したがって、私たちの眼には雄も雌も同じように映るが、モンシロチョウの視界で見れば、雄は黒く、雌はより白く見えているというのだ。

では、人間はみな、同じヒト科に属している動物なのだから、見えている世界は同じなのだろうか。

答えは否、である。

あなたの周りに、こんな人はいないだろうか。

月曜日の朝。起きがけに「週末が終わってしまった。また今日から1週間仕事に行かなくては。嫌だなぁ」と憂鬱な気分になる。寝ぐせのついたボサボサの頭のまま、とりあえずテレビのスイッチを押す。流れてきたのは、タレントの◯◯さんが5億円の豪邸を建設中らしい、◯◯で殺人事件が起こったが原因はどうも保険金狙いらしい、といったワイドショー。それをぼーっと眺めながら、昨日の夜の残りのスナック菓子を朝食代わりに食べる。

ぐだぐだとテレビを見ていて、ふと時計に目をやると、家を出なければならない時刻が迫っている。慌ててスーツを着て、早足で駅へ。危ない、この電車を逃したら遅刻するところだった。

会社までは電車で45分ほど。やることがないので、暇つぶしにスマートフォンでキュレーションサイトを片っ端からチェック。でも、今朝はそれほど面白いネタがなかった。一通り見終わってしまったので、今度はアプリを立ち上げてゲームに熱中する。

最寄り駅に到着すると、高校生が募金活動をしている前を通り過ぎ、会社へと急ぐ。なんとかギリギリ始業時間に間に合った。

11時を回ると、お腹が急に空いてきた。考えてみたら、朝起きてからスナック菓子しか食べていない。同僚を誘って早めのランチに出かけた。同僚は、次々と雑用ばかりを言いつける課長に辟易しているらしい。同感だ。雑用ではなくて、もっと骨のある仕事を任せてくれたらいいのに、とたっぷり1時間盛り上がる。

お店を出て会社に戻る途中に、宝くじ売り場の大きな旗が目に入った。「本日大安」「当売り場から1等3億円が出ました！」……宝くじが当たったら、毎朝起きて会社に行かなくてもいいし、課長に振り回される必要もない。なんだか当たるような予感がして、衝動的に10枚を購入した。会社に戻って、机の引き出しにしまい込む。

アフター5は、大学時代のアルバイトで知り合った友人と飲み放題の居酒屋へ。お互い、仕事の愚痴を言いながらすっかりいい気分に。そのままカラオケに行って盛り上がる。

気づいたら終電ギリギリだ。慌てて駅まで走っている途中で気がついた。「あれ、スマホがない」。そういえば、さっきのカラオケに忘れてきた。探しに戻ったら、無事にスマートフォンは見つかったけれど、終電は出発した後。明日も仕事だから、背に腹は代えられないとタクシーで帰宅。手持ちのお金がなかったのでクレジットカードで決済。そういえば、このクレジットカード、ちょくちょく使っているけれど、毎月いくらぐらい引き落とされているんだろう。ちゃんと明細を見たことがないな。

結局、帰宅したのは深夜1時半。タクシーで爆睡したからか、目が冴えて眠れない。深夜バラエティーでも見ようかな。歯磨きするのも、シャワーを浴びるのもなんだか面倒。明日の朝起きてからにしよう。

そして、もう1人紹介しよう。

月曜日の朝。目覚まし代わりにセットしているFMラジオのDJの声で目覚めた。起きてすぐの日課はストレッチ。身体も頭もスッキリ目覚める気がして、かれこれ5年ほど続けている。

ランチと夕食は基本的に外食なので、朝食は野菜とフルーツを摂ると決めている。挽き立ての豆で淹れたコーヒーを片手に日本経済新聞で社会・経済の動きを追う。

シャワーを浴びた後は、身支度をしながら、予約録画しておいた経済報道番組を1・5倍速で再生。CMカット機能も使っているので、短時間で効率良く情報をインプットできた。

電車に乗るのは、朝のラッシュより1時間早く。空いている車両も研究済みなので、いつも乗る車両は決まっている。車内では一通り他の乗客や車内広告をチェック。魅力的なデザインや心に残るキャッチコピーの広告があったら、しっかりメモしておく。宣伝部門の仕事をしているわけではないのだが、企画書を作成するときに役立つかもしれない。それが終わったら電子書籍リーダーのkindleで読書。その日の気分で小説やビジネス書、写真集など好きな書籍を選んでいる。

会社にはいつも一番乗りか二番乗り。この、電話もメールもほとんど来ない静かな朝の時間帯に、クリエイティブな仕事に集中する。

ランチは1人で行くか、互いに刺激し合える同僚と。会社の近くにあるホテルのラウンジが穴場。ランチタイムでも行列することなく、ゆったりした空気が流れているのでお気に入りだ。

終業後のプライベートタイムは1週間の中でメリハリをつけて。食事会や習い事の予定のない日は、昼間よりも静かな会社でクリエイティブな仕事をしたり、思考を巡らせたりする時間と決めている。食事会のお店選びは、時にはちょっと背伸びをしてみる。居酒屋やファミリーレストランにはないこだわりや行き届いたサービスのお店に行くことが、自分にとっても良い刺激になっている。

帰宅後は、よほど天気が悪くない限りは軽く近所をランニング。走ることで、その日あったことを頭の中でスッキリ整理できるような気がする。心地良い疲れで、眠りも深い。

同じヒト科であっても、この2人に見えている世界は全く異なる。もちろん、色や形の話ではない。自分の思考というフィルターを通した世界の「見え方」の違いだ。これを私はSTAGEの違い、と定義づけている。同じ職場で、同じ空気を吸って働いていたとしても、人によって見えている世界は全く異なるのだ。

世界のどこがクローズアップされて見えているのかも、人によって全く異なる。外食のほとんどがファミリーレストランである人にとっては、ロイヤルホストとデニーズとジョナサンとサイゼリアの違いは、メニューや価格、ドリンクサービス、どれをとってもかなり大きいと感じるだろう。しかし、数席のカウンターしかなく、1人あたり数万円するような寿司店はどれであっても「高級な寿司店」と一括りになるはずだ。

一方、普段から外食といえば1人あたり数万円するのが当たり前、という世界に生きている人にとっては、ファミリーレストランはすべて似たり寄ったりにしか見えない。しかし、寿司店については、シャリの大きさ、硬さ、ネタの仕込み方、大将が握るペースまで、明らかに店による違いを感じるはずだ。自分が見えている世界の周りだけが、虫眼鏡を使ったようにクローズアップされて見えているのだ。

私たちは誰しも、自分の思考というフィルターを通して世界を見ている。そして、その見え方が次の行動を生み、結果を生んでいく。

同じ「競馬場にいる人」でも、馬主と、VIPルームで優雅に食事をとりながら馬券を買っている人と、缶ビールを片手に競馬新聞を読んでいる人とでは、見えている景色が全く違うだろう。自分が生きる世界は、自分の思考と行動、そしてその積み重ねによるSTAGEによってできあがっている。世界にどのようなフィルターをかけるかは自分次第なのだ。

経験がなければ違和感も生まれない

こうした、自分が見えている世界と相手が見えている世界を、段階で示すことで「見える化」しようというのが、お金の教養STAGEだ。

お金の教養STAGEは、お金の教養の7つの要素に独立して存在する。そして、その段階はSTAGE1からSTAGE5までの5つにそれぞれ分かれている。

したがって、同じ人であっても、「貯め方」と「使い方」はSTAGE3だが、「考え方」と「増やし方」はSTAGE2、「社会還元」は全くできていないからSTAGE1、といったことが起こりうるわけだ。

このように、お金の教養の7つの要素をSTAGEという5つの段階に分けて縦軸で表すことで、お金の教養のどの要素が高く、どの要素が低いのか、自分が全体の中でどの位置にいるのかが可視化できる。


私自身、このお金の教養STAGEという概念フレームワークが完成形に行き着いてから、「お金」と人の思考や行動とのかかわりがすべて明快に解明できるようになった。

同じ世界に生きていても、STAGEによって見えている世界が違うのに、私たちは「同じものが見えているはず」という先入観の下、誰かを評論したり、意見を言ったり、アドバイスを乞うたりしている。

このことが、私が感じたようなズレや違和感を数多く世の中に生み出しているのだ。私に限らず、多くの人が日常的にこうしたズレや違和感を覚えているはずなのに、なぜ今まで世の中にこのような概念フレームワークが生まれてこなかったのかが不思議なくらいだ。

相手のお金の教養STAGEを意識する

仮に今、手元に1000万円のお金があるとしよう。これをどのように増やしていけばよいか、どうすれば将来の蓄えを増やしていけるのか、誰かにアドバイスを求めるとしたら、あなたは誰に聞くだろうか。

多くの場合、すでに資産運用を始めている会社の同僚に雑談がてらに聞いたり、銀行や証券会社の窓口の人に聞いたり、ファイナンシャルプランナーの資格を持っている保険のセールスマンに聞いたりするのではないだろうか。

果たして、これらは正しい行動だろうか。

試しにこれを自分の体に置き換えて見てみよう。

数日前から右の胸の奥がズキズキと痛むようになった。明日になれば治るかと期待して床に就くのだが、翌朝になってもやはり痛みは治まらない。この痛みから解放されたいと思ったとき、当然ながら「病院に行く」という判断になるはずだ。

しかし、そこで歯科に行く人はいない。眼科に行く人もいない。外科に行く人もいない。多くは、内科や呼吸器科などの医師の診察を受け、意見を求めるだろう。身内や友人に聞く人もいるだろうが、その場合でも、正しい情報はあくまでも医師が持っていると誰もがわかっている。さらに、医師の中でも町医者もいれば専門医もいる。もしも芳しくない病気であったなら、できるだけ実績のある専門医に診てもらいたいと思うだろう。

スポーツにたとえてみてもわかりやすい。

もし、あなたに息子がいて、「世界で活躍できる野球選手になりたい」と言ったとしよう。親としては、なんとかしてその望みを叶えてあげたい。

そのとき、次の4人の中から誰にアドバイスを求めるだろうか。

1人目は、世界で活躍するイチロー選手。世界で誰もが認めるプロフェッショナルだ。

2人目は、同じ名前だが、ニュースキャスターの古舘伊知郎氏。長年、報道番組のキャスターを務めていただけあって、野球のことも詳しい。

3人目は、プロ御用達の野球用品店の店長である。野球用品については日本でトップ10に入るくらい知識がある。

4人目は、テレビの前で酒を飲みながら「おまえ、今のはボールだろう！」とヤジを飛ばしている生粋のプロ野球ファンだ。

おそらく、状況が許すのであれば、誰もがイチロー選手にアドバイスを受けたいはずだ。

さて、もう一度、お金の話に戻ってみよう。

1000万円を増やしたいと思っている人が、金融機関の窓口に行って相談をする。これは、野球用品店の店員や店長にアドバイスを乞うているのと何ら変わりない。野球用品店ではバットやグローブなどの野球用品を売り、金融機関では投資信託や株式などの金融商品を売っている。違いはそれだけだ。一般的に「金融のプロ」と思われている人たちの多くは、金融商品の販売ショップに勤める会社員なのだ。

本当に、その人たちに資産運用の相談をしてよいのだろうか。本当にその人たちにアドバイスをもらいたいだろうか。さらに、そのアドバイスは正しいだろうか。

私なら、野球でいえばイチロー選手に、資産運用でいえば世界で最も結果を残しているウォーレン・バフェット氏に聞きに行きたい(実際に可能かどうかは別として)。新聞や雑誌などでコメントをしている経済評論家の意見を参考にしたい、という人も多いかもしれない。

しかし、経済やマーケットの動きを予測するという仕事に就いている経済評論家は、野球でいうと古舘氏と同じだ。知識があるので発言にも説得力があるが、彼らの職業は、「会社員」や「自営業」であり、労働によって収入を得ている。私の周りにも経済評論家が何人もいるが、実際に資産運用で成果を出している人は希少であるし、安定して利益が出せるのであれば、そのほうがより効率的に稼げるはずなので、そもそも評論家の仕事に就く必要がないともいえる。

彼らが悪いと言っているのではない。そういった視点から客観的に見て、誰にアドバイスを求めるのが正しいのかを見極める必要がある、ということだ。

つまり、ここでも「お金」が本質を映し出す。収入源を見れば、何のプロかが明確になる。イチロー選手は野球そのもので稼いでいるからプロ野球選手だ。古舘氏は評論によって稼いでいるからキャスターとしてのプロだ。そして野球用品店の店長は販売により稼いでいるからセールスのプロだ。生粋のプロ野球ファンは野球からの収入がないため、プロではない。このように「お金」という道具を使うことで、本質を映し出すことができる。

さらに「お金」は、質までをも映し出す。年俸3００万円のプロ野球選手と3億円のプロ野球選手であれば、同じプロ野球選手であっても明らかに3億円の選手のほうが質が高いとわかる。年収３００万円の評論家と、３０００万円の評論家であれば、３０００万円のほうが質が高いとわかる。このように、そのプロの質まで映し出してしまうのが、「お金」という道具なのだ。

「お金のプロ」や「金融のプロ」と呼ばれる人々でも、金融商品から保険商品、不動産、ライフプラン、相続、税金などその専門分野はさまざまだ。その中でさらに、プレイヤーもいれば、評論家もいれば、販売のプロもいる。したがって、専門分野でないところについては間違ってもそれは当然のことともいえる。

間違った相手に相談した結果、うまくいかなかったとしても、それは相手が悪いのではない。相手の、その分野におけるＳＴＡＧＥや、相手が何のプロであるのかをしっかりと見極められなかった自分が悪いのだ。この「自責」で考えていく習慣も、自分自身の器を大きくしていく。

ＳＴＡＧＥの考え方を使うと、相手のレベルを把握することもできる。信頼性の低いＳＴＡＧＥ１から、素人レベルのＳＴＡＧＥ２、言動・行動だけのＳＴＡＧＥ３、そこからある程度結果まで一致しているＳＴＡＧＥ４、言動と行動と結果が完全に一致しているＳＴＡＧＥ５まで。こうして相手のＳＴＡＧＥを意識することで、間違ったアドバイスを真に受けてしまうことも避けられるだろう。

お金の教養ＳＴＡＧＥという概念フレームワークを使い、自分自身を見つめ直し、他者を客観的に見ることで、「どの情報に従えばよいのか」ということに対する自分の判断が研ぎ澄まされていくとともに、物事の本質を見ることができるようになっていくのである。

お金の教養ＳＴＡＧＥでは、お金の教養を、ＳＴＡＧＥ１からＳＴＡＧＥ５まで５つの段階に分け、それぞれをＳＴＡＧＥ１「生活不安定型」、ＳＴＡＧＥ２「環境依存型」、ＳＴＡＧＥ３「堅実管理型」、ＳＴＡＧＥ４「自己完成型」、ＳＴＡＧＥ５「長期安定型」と定義づけている。その全体像をまとめたのが次の表だ。

お 金 の 教 養

④稼ぎ方	⑤増やし方	⑥維持管理	⑦社会還元
目の前の生活のために働いている	運良くお金が増えないかと日々願っている	お金の貸し借りや詐欺でトラブルになったことがある	与えられることはあっても与えたことはない
安定した収入を得ることができている	低金利に不満はあるが、預貯金しかしていない	貯蓄の総額を把握している	身内や親友の助けになることができている
数年後も収入が増える働き方ができている	投資信託、401(k)などの受け身の運用のみ	持っている資産(家・車・保険など)の時価を知っている	募金やボランティアに参加したことがある
時間ではなく成果に連動した収入の仕組みができている	得意分野に投資して成果を出している	5年以上、純資産を減らしていない	お金や知識、経験を提供することを継続している
少しの時間で多くの収入を得る仕組みを持っている	再現性のある運用方法で、運用収入が支出を超えている	労働収入がなくなっても生活ができるくらいの資産・収入を持っている	自分が持っているものを社会に還元する仕組みができている

★お金の教養STAGE 全体像

ステージ	タイプ	7つの ①考え方	②貯め方	③使い方
STAGE 1	生活不安定型	お金に対して偏った考えを持っている	お金が貯まらない	借金をしないと生活が回らない
STAGE 2	環境依存型	将来の不安があるが答えが見えない	貯蓄ができている	毎月、何に使ったかわからない出費が多い
STAGE 3	堅実管理型	将来の不安を解決するため、日々行動している	先取り貯蓄等、貯蓄の仕組みができている	支出をコントロールできている
STAGE 4	自己完成型	経験と失敗から成長する思考を持っている	年齢の2乗の貯蓄がある（例：40歳×40＝1600万円）	毎月、一定額を自己投資に使っている
STAGE 5	長期安定型	物事の本質をつかむ能力を持っている	生涯必要な額の貯蓄がある	人の成長や、文化の継承などにお金を使っている

❷ お金の教養STAGEの「5つの段階」

自分がどのSTAGEに当てはまるのかは、思考、知識、判断、行動、結果という5つの観点から決定される。そのSTAGEに見合った思考を持っているか、知識があるか、といったことだけでなく、それらの思考や知識に基づいて正しい判断を下し、行動に移し、結果が出ているか、といった包括的な観点からチェックを行うことで、より精緻に自分や相手のSTAGEがどこなのかがわかる。

では、それぞれのSTAGEについて1つずつ説明をしていこう。

STAGE 1 生活不安定型

「お金が貯まらない」という悩みを持っており、借金をしないと生活が回らない。目の前の生活のために働いてはいるものの、月末になるといつもお金が足りない。運良くお金が増えないかと宝くじを買ってみるけれど、そう簡単には当選しない——お金とうまく付き合うことができず、生活全般にお金の悩みを抱えているのがSTAGE1だ。

なんとなくお金に対してネガティブな考えを持っている人が多いのもSTAGE1の特

徴だ。「お金しか信じられない」「お金をたくさん持つと人間性が歪むから持たないほうがいい」「金持ちは悪いやつばかりだ」などと、自分自身の経験や僻み、妬みといった感情によってお金そのものをネガティブに捉えているために、なかなか悪い循環から抜け出すことができない。

このSTAGEの人が何よりも優先して高めるべきなのが、お金の管理能力だ。恥ずかしながら、以前の私自身がまさにそうだったが、お金の管理能力がないと、お金も貯められないし、収入以上にお金を使ってしまう。その結果、借金の返済に追われ、いつまでもお金の悪循環が続くのだ。

このSTAGEの人が投資を行うと、投資ではなく、投機(ギャンブル)となってしまうことが多い。仮に資産が増えたとしても、管理能力がない状態のままだと結果的により大きな負債を抱えることになってしまう。したがって、資産運用はやるべきではない。

無駄な支出を抑える。毎月一定額を貯蓄する。計画性を持って買い物をする。安易に借金をしない。まずはお金の生活習慣を見直し、家計を健全化することが優先だ。

STAGE 2 環境依存型

目の前の生活に対しては大きな不安なく過ごすことができている。収入も安定している。

ただ、貯蓄は少しずつ増えているものの、将来に対する漠然とした不安を消すことができないままでいる――こういった状態にあるのがＳＴＡＧＥ２だ。日本全体を見渡すと、私たちの多くは、おそらくこのＳＴＡＧＥなのではないだろうか。

貯蓄もでき、安定した生活をすることができているにもかかわらず、将来への不安を打ち消すことができないのはなぜか。それは、今ある状況が、自分自身で築き上げたのではなく、周りの環境によって与えられたものだからだ。ゆえに、社会・経済情勢が変われば、自分の生活が一変するのではないかという不安を心のどこかで抱え続けてしまうのだ。

近年では所得格差の広がりが社会問題として取り上げられることも増えてきたが、世界的に見れば日本はまだまだ一億総中流社会であるともいえる。学校を出て、企業に就職をすれば、多くの場合、ＳＴＡＧＥ２からのスタートだ。ロールプレイングゲームやパズルゲームのように、ＳＴＡＧＥ１から順番に上がっていかなければならないルールはない。

しかし、同じＳＴＡＧＥ２からスタートしても、その後、社会人としての経験を重ねていったからといって、自然とＳＴＡＧＥが上がっていくわけではない。何年、何十年経っても、ずっとＳＴＡＧＥ２のままというケースは決して少なくないし、むしろこちらが主流であるともいえる。

ＳＴＡＧＥ２の人がお金の教養ＳＴＡＧＥを上げ、将来に対する漠然とした不安から解放され、豊かなライフスタイルを手に入れるためにはどうすればよいのか。それは、自分自身の「頭脳」に投資をすることだ。

資産運用をするにしても、ビジネスを起こすにしても、このSTAGEの人が持っている資金も信用もたかが知れている。そうであれば、まずは最も効率の良い投資先である自分の「頭脳」にお金と時間の投資を行おう。積極的な自己投資こそが、大きく人生を変化させていく基盤を築くのだ。

STAGE 3 堅実管理型

相変わらず将来への不安はないわけではないものの、その不安を自分自身の力で解決するための行動ができているのがSTAGE3だ。

毎月の支出をコントロールできており、先取り貯蓄など、貯蓄を増やしていくための仕組み化もできている。資産運用についても、パッシブ運用の投資信託や401(k)など、受け身ではあるものの、初めの一歩を踏み出している。

このSTAGEになると、お金に対してしっかり向き合い、自分のお金の使い方を客観的に見て、自分を正していくことができるようになる。ここまで足場を固めることができたら、いよいよ自分らしく生きるための仕込みに取りかかろう。

STAGE3は、将来への飛躍に向けて、得意分野を探すためのトライアルSTAGEともいえる。支出を抑えることを最優先にするのではなく、いろいろな経験を「買う」ということを意識したい。

たとえば、トヨタのヴィッツや日産のCUBEといったコンパクトカーに乗っているなら、思い切ってメルセデス・ベンツのCクラスに乗り換えてみる。乗っている車が変われば、自然と行く場所も変わる。ヴィッツでリッツ・カールトンに乗り付けるのには引け目を感じても、ベンツならばそんな必要はない。迎えてくれるポーターからの扱われ方も変わるし、自分の振る舞いも変わる。それがブランドの力だ。

STAGEが低いうちは、ブランド物を買うのは「浪費」になるが、STAGE3になると「投資」にできる。ブランドの力を借りることで、普段は遠巻きに見ているだけの高級ホテルやお店に思い切って行ける。出会う人が変わる。提供されるサービスの質が変わる。その結果、世界が広がり、さらなる成長につながるのだ。

1億円以上の資産を持っている人たちが普段経験している世界を、ベンツの購入代金である500万円で経験できる。その結果、大きく成長できる。そのように視点を変えれば、これが紛れもなく投資であるということが理解できるのではないだろうか。

仕事においては、STAGE3以上になると、「自分の好きなことを仕事にする」ということが名実共に現実的になってくる。つまり、「好きな仕事だけれど、なかなか収入につながらない」とか「それなりの収入は得られているけれど、本当はあまり好きな仕事ではない」という状態ではなく、好きなことを仕事にして、かつ収入という結果にもつながるという状態が可能になるということだ。

資産運用においては、学びを継続しながら、保有資産の1割でさまざまな種類の投資を試してみる。その中で試行錯誤しながら、相性が良く、楽しいと思える、未来の「専門分野」を探し出していく段階といえる。

STAGE 4 自己完成型

STAGE4は、端的にいえば、人生にバイアスをかけない生き方ができるようになるSTAGEだ。

年齢の2乗の貯蓄を有し、自己投資の習慣もしっかりと身についている。資産運用については、STAGE3で見つけた自分に合った方法を専門分野に育て上げ、資産の5割以上を集中投資し、着実に増やしていく仕組みを構築できている。増やしていく、といっても、安定的に預金金利よりも高い利回りを出すことができているというレベルの話ではない。数ある資産運用の中で自分の専門分野はこれ、という明確な自覚を持ち、そこからの収益が、いずれ仕事による収入を凌駕できる可能性を見出しているのが、このSTAGEだ。

また、STAGE3との違いが特に大きいといえるのが、仕事だ。STAGE4まで来ている人は、失敗から学ぶという思考が確立されているので、失敗を恐れずたくさんの経験を積み上げている。

そして自分の能力を活かし、付加価値を生み出すことで、時間を切り売りして働くのではなく、成果に連動して収入を得られる仕組みができている。また、自分が持っている知識や経験を、周りの人に共有することで社会に還元していくということに意識が向けられるようになる。

仕事でも、資産運用でも成果を出し続けており、5年以上純資産を減らしていない。そして、自分や家族の生活にとどまらず、仲間や社会への貢献ができてくる——これがSTAGE4の人の平均像といえるだろう。

STAGE 5 長期安定型

お金の教養STAGEの最終ゴールであるSTAGE5は、いったいどのような世界なのだろうか。

お金の教養STAGEが上がり、STAGE5になると、お金が空気のような存在になり、お金を意識せずに生活できる状態になる。そうすると、物事を判断するときの基準が「お金」ではなくなる。普段私たちは「空気がなくならないようになるべく息を吸ったり、吐いたりする量を節約しよう」などとは思わないで呼吸をしているはずだ。それと同様に、お金が空気のような存在になるので、お金が判断基準にならなくなるのだ。

同時に、時間も自由に使えるようになる。「忙しい」という状態から解放され、お金だけでなく、自由な時間をたくさん持つことができる。

その結果、費用対効果や時間対効果を考えずとも、自分が本当に好きなことにお金と時間を使えるようになる。

ＳＴＡＧＥ５になると、多くの人が、自分のためではなく、人の成長や文化の継承に積極的にお金と時間を使うようになる。育ててあげたいと思える若者がいれば、少し背伸びをしたレストランに連れていって新しい世界を見せてあげる。惜しみなく時間を使って相談に乗ってあげる。好きな現代アートの作家がいれば、惜しみなく作品を買って応援する。自分だけのためにお金を使っていた頃よりも、心も人生も豊かになるはずだ。

買い物の質も変わる。ＳＴＡＧＥ１～４の頃には自分を良く見せようとブランド物を買ったりしていた人でも、ブランドへの固執がほとんどなくなる。なぜなら、人としての品格が磨かれることで、わざわざブランド物を身につける必要がなくなるからだ。

ＳＴＡＧＥ３ではブランドの力を借りて成長を加速化させていくことが重要と述べたが、ＳＴＡＧＥ５になると、その必要はなくなっている。その振る舞いから知性や品格が自然とにじみ出る。よって、ブランド物を身につけていなくても、周りから一目置かれ、それなりの扱いを受けるようになっているはずだ。

ＳＴＡＧＥ５の世界は、実に満ち足りている。「生活のためではなく、自分のやりたい仕事に没頭できる環境」「なんとも言えない幸福感」「見返りを求めず、人のためにどう生きるかを考えられる気持ちの余裕」。こういった、本質的な豊かさにあふれているのがＳＴＡＧＥ５の世界なのだ。

❸ 自分のお金の教養STAGEを知る

お金の教養ＳＴＡＧＥを高めるためには、今の自分のお金の教養ＳＴＡＧＥを知り、１つずつ次のＳＴＡＧＥに上がるために必要な行動を起こしていく、ということが最も近道だ。そのためにも、まずは自分のお金の教養ＳＴＡＧＥを確かめよう。

自分のお金の教養ＳＴＡＧＥを知るために使うのが、「お金の教養ＳＴＡＧＥチェックリストⒶ」だ。このチェックリストを使えば、「考え方」から「社会還元」まで、それぞれ自分がどのＳＴＡＧＥにいるのかが可視化できる。

STEP 0 チェックリストとペンを用意する

まずは、「お金の教養ＳＴＡＧＥチェックリストⒶ」とペンを準備しよう。文字が小さく、見づらい場合は、ファイナンシャルアカデミーのウェブサイト〈http://www.f-academy.jp/page/forprint.pdf〉からダウンロードし、印刷をしよう。これで準備はＯＫだ。

STEP 1 チェックマークを入れていく

準備ができたら、さっそくチェックに取り掛かろう。

「お金の教養ＳＴＡＧＥチェックリスト」には、「考え方」から「社会還元」まで、７つの要素、５つの段階にそれぞれ３つずつのチェック項目が示されている。７つの要素ごとにＳＴＡＧＥ１からＳＴＡＧＥ５へと順番に目を通し、当てはまるものにチェックマークを入れていこう。

STEP 2 総合的な自分のSTAGEを確かめる

すべての項目に目を通し、当てはまるものにチェックマークを入れたら、STAGE1からSTAGE5まで、それぞれいくつチェックマークがついたのかを合計し、その数をそれぞれ左のPOINTと書いてある欄に記入しよう(❸参照)。最も多くのチェックマークがついたSTAGEが、今のあなたのお金の教養STAGEだ。

あなたのお金の教養STAGEは、果たしてどこだっただろうか。

これまで何千人という人にこの「お金の教養STAGEチェックリスト」を試してもらったところ、STAGE2という結果になった人が最も多かった。一般的には、STAGE2であれば平均的、STAGE3であれば、平均よりもお金の教養の高い人といえるだろう。

STEP 3 それぞれの要素ごとのSTAGEを知る

「お金の教養STAGEチェックリスト」の存在意義は、今のあなたのお金の教養STAGEがどこなのかを知るためだけではない。どうすれば効率的にお金の教養STAGEを高め、真に豊かでゆとりある人生に近づいていけるのか、その課題を見える化できるというところにも大きな意義がある。

課題を見える化するために、今度は、「考え方」から「社会還元」まで、7つの要素それぞれでSTAGEを確認していく。それぞれの要素ごとに、最も多くのチェックマークがついたSTAGEを四角で囲んでいこう(Ⓒ参照)。それが、7つの要素それぞれにおける、あなたのSTAGEということになる。

四角に囲まれた中で、チェックマークがついていない項目があったら、これが今のSTAGEで残されたあなたの課題だ。可能な限り行動を起こそう。

また、四角で囲まれたSTAGEよりも1つ上のSTAGEの項目についても1つ1つ確認しておきたい。これらの項目にチェックマークが入るようになれば、STAGEが1つ高まることになるからだ。

4 稼ぎ方	5 増やし方	6 維持管理	7 社会還元
目の前の生活のために働いている □ 目の前の生活のために働いている □ 働く時間はほどほどに抑えたいと考えている □ 短期的な収入で仕事を判断している	**運良くお金が増えないかと日々願っている** □ 宝くじやギャンブルが好き □ 運良くお金が増えないかと期待している □ 銀行預金の金利を知らない	**お金の貸し借りや詐欺でトラブルになったことがある** □ 友だちにお金を貸している □ お金の貸し借りや詐欺でトラブルになったことがある □ 借金やリボ払いの残高が把握できていない	**与えられることはあっても与えたことはない** □ 募金活動に興味がない □ 人の成功がうらやましい □ 格差社会であることに不満がある
安定した収入を得ることができている □ 安定した収入を得ることができている □ 収入を増やすには働く時間を増やさなければと考えている □ スキルや能力アップのためではなく、生活のために働いている	**低金利に不満はあるが、預貯金しかしていない** □ 預貯金以外はリスクがあって怖いと感じている □ お金を増やすための本を読んだり、セミナーに参加してみたい □ 少しでも金利のよい定期預金を探している	**貯蓄の総額を把握している** □ 毎月の収支だけでなく、貯蓄の総額も把握している □ 公的年金や退職金の見込み額を把握している □ すべての借金やローンの残高を把握している	**身内や親友の助けになることができている** □ ボランティアへの参加に興味がある □ 身内や親友を支えることが多い □ 格差社会であることは当然だと思う
数年後も収入が増える働き方ができている □ 数年後も収入が増える働き方ができている □ 労働時間を減らしても収入が増える方法が理解できている □ ビジネススキームを構築することを意識して働くことができている	**投資信託、401(k)などの受け身の運用のみ** □ 資産運用はしているが、投資信託、401(k)などの受け身の運用のみ □ どの運用法が自分に向いているのかを模索している □ ニュースや経済指標を資産運用に活かせていない	**持っている資産（家、車、株、保険など）の時価を知っている** □ 持っている資産（家、車、株、保険など）の時価を知っている □ お金を生まないローンはせっせと繰り上げ返済している □ 家計のB/Sを作っている	**募金やボランティアに参加したことがある** □ ボランティアに参加したことがある □ 身内に毎月、仕送りをしている □ 社会的に弱い立場の人をできるだけ助けたいと思っている
時間ではなく成果に連動した収入の仕組みが持てている □ 世の中への影響を意識して働くことができている □ 労働時間を減らしても収入が増える仕組みが持てている □ 自分の強みを活かした働き方ができている	**得意分野に投資して成果を出している** □ 得意分野に投資して成果を出すことができている □ どの運用法が自分に向いているのかがわかっている □ 受け身以外の運用方法も積極的に試している	**5年以上、純資産を減らしていない** □ 5年以上、純資産を減らしていない □ お金を生まない借金がない □ 会計の専門家に資産と収入をチェックしてもらっている	**お金や知識、経験を提供することを継続している** □ ボランティアに継続的に参加している □ 誰かに知識、経験を提供することを継続している □ 魚を与えるのではなく、魚の釣り方を教えることができている
少しの時間で多くの収入を得る仕組みを持っている □ お金のためではなく、楽しみや人のために働いている □ 少しの時間で多くの収入を得る仕組みを持っている □ 労働をなくし、資産からの収入で生計を立てられている	**再現性ある運用方法で、運用収入が支出を超えている** □ 運用収入が支出を超えている □ 再現性のある方法で資産運用ができている □ 資産運用で成果を出している仲間が10人以上いる	**労働収入がなくなっても生活ができるための資産・収入を持っている** □ 身内と相続や事業継承について話し合いができている □ 労働収入がなくなっても生活ができるための資産・収入を持っている □ 運用（株・不動産など）、税務、法務の分野で意見をもらえるチーム作りができている	**自分が持っているものを社会に還元する仕組みができている** □ 自分がボランティアに行くのではなく、それを主導する仕組みができている □ 自分が持っているものを社会に還元する仕組みができている □ 自分が社会に与えられる優れた点を理解して、還元している

★お金の教養STAGE チェックリストⒶ

	1 考え方	2 貯め方	3 使い方
STAGE 1 生活不安定型 □ POINT	**お金に対して偏った考えを持っている** □ すぐにネガティブな言葉を発してしまう □ 新聞ではなくテレビやインターネットから情報を得ている □ 1年後の目標を立てていない	**お金が貯まらない** □ 収支が赤字の月が多い □ お金がいつの間にか減っている □ 家計が自転車操業になっている	**借金をしないと生活が回らない** □ 欲しいものがあったら衝動的に買ってしまう □ 貯蓄額よりも借金の金額のほうが多い □ クレジットカードの分割払い、リボ払いを利用している
STAGE 2 環境依存型 □ POINT	**将来の不安があるが答えが見えない** □ ネガティブな言葉を発する友人が多い □ 将来の不安を数値化して把握できていない □ 多少不便でも出費が少ない選択肢をとっている	**貯蓄ができている** □ ごくたまに預金通帳を記帳している □ 将来いくら必要なのかがわからないまま貯蓄している □ 毎月の貯蓄額がまちまちだ	**毎月、何に使ったかわからない出費が多い** □ 我慢できずに欲しいものを買ってしまうことが多い □ タダと聞くとついつい惹かれてしまう □ どんな保障かよく理解しないまま保険に加入している
STAGE 3 堅実管理型 □ POINT	**将来の不安を解決するため、日々行動している** □ 同じステージや下のステージの友だちが多い □ ライフプランの問題点はわかるが行動につなげられずにいる □ ムダな時間が多いと思っている	**先取り貯蓄など、貯蓄の仕組みができている** □ 毎月一定額を先取り貯蓄できている □ 老後に向けて一定ペースで貯蓄できている □ 貯蓄の一部を運用に振り向けることができている	**支出をコントロールできている** □ 必要なものと欲しいものを区別できている □ コストパフォーマンスを意識して買い物ができている □ 適正な保障の保険に加入することができている
STAGE 4 自己完成型 □ POINT	**経験と失敗から成長する思考を持っている** □ 情報の精度を高めようと努力している □ ライフプランにおけるお金の問題はほぼ解決できている □ 時間コストを知って一部外注化できている	**年齢の2乗の貯蓄がある** (例:40歳×40=1600万円) □ 年齢の2乗の貯蓄ができている □ 老後に必要なお金の準備の目処が立っている □ 自分なりの貯蓄スタイルが築けている	**毎月、一定額を自己投資に使っている** □ 将来、住居費を払う側ではなく、もらう側になるための行動が起こせている □ 毎月、一定額を自己投資に使っている □ 民間の保険に加入しなくてもよい家計の基盤が作れている
STAGE 5 長期安定型 □ POINT	**物事の本質をつかむ能力を持っている** □ 世の中に対して新しい価値を提供できている □ お金が軸ではなく、やりたいことを軸に日々判断している □ 人やメディアの言葉を、事実と意見に正しく分けて考えられる	**生涯必要な額の貯蓄がある** □ 意識しなくても貯蓄がどんどん増えている □ 生涯暮らしていくのに十分な貯蓄がある □ 貯蓄を意識しない生活ができている	**人の成長や、文化の継承などにお金を使っている** □ 次世代に残るものにお金を使うことができている □ 人生を豊かにする「時間」に対してお金を投じることができている □ ブランド物を持たなくとも、自分自身がブランドとなっている

STEP 1 チェックマークを入れていく
STEP 2 総合的な自分のSTAGEを確かめる

4 稼ぎ方	5 増やし方	6 維持管理	7 社会還元
目の前の生活のために働いている ☐ 目の前の生活のために働いている ☑ 働く時間はほどほどに抑えたいと考えている ☑ 短期的な収入で仕事を判断している	**運良くお金が増えないかと日々願っている** ☐ 宝くじやギャンブルが好き ☑ 運良くお金が増えないかと期待している ☑ 銀行預金の金利を知らない	**お金の貸し借りや詐欺でトラブルになったことがある** ☐ 友だちにお金を貸している ☐ お金の貸し借りや詐欺でトラブルになったことがある ☐ 借金やリボ払いの残高が把握できていない	**与えられることはあっても与えたことはない** ☐ 募金活動に興味がない ☑ 人の成功がうらやましい ☐ 格差社会であることに不満がある
安定した収入を得ることができている ☑ 安定した収入を得ることができている ☑ 収入を増やすには働く時間を増やさなければと考えている ☑ スキルや能力アップのためではなく、生活のために働いている	**低金利に不満はあるが、預貯金しかしていない** ☐ 預貯金以外はリスクがあって怖いと感じている ☐ お金を増やすための本を読んだり、セミナーに参加してみたい ☐ 少しでも金利のよい定期預金を探している	**貯蓄の総額を把握している** ☑ 毎月の収支だけでなく、貯蓄の総額も把握している ☑ 公的年金や退職金の見込み額を把握している ☑ すべての借金やローンの残高を把握している	**身内や親友の助けになることができている** ☐ ボランティアへの参加に興味がある ☐ 身内や親友を支えることが多い ☐ 格差社会であることは当然だと思う
数年後も収入が増える働き方ができている ☐ 数年後も収入が増える働き方ができている ☐ 労働時間を減らしても収入が増える方法が理解できている ☐ ビジネススキームを構築することを意識して働くことができている	**投資信託、401(k)などの受け身の運用のみ** ☐ 資産運用はしているが、投資信託、401(k)などの受け身の運用のみ ☐ どの運用法が自分に向いているのかを模索している ☑ ニュースや経済指標を資産運用に活かせていない	**持っている資産（家、車、株、保険など）の時価を知っている** ☐ 持っている資産（家、車、株、保険など）の時価を知っている ☑ お金を生まないローンはせっせと繰り上げ返済している ☐ 家計のB/Sを作っている	**募金やボランティアに参加したことがある** ☑ ボランティアに参加したことがある ☐ 身内に毎月、仕送りをしている ☑ 社会的に弱い立場の人をできるだけ助けたいと思っている
時間ではなく成果に連動した収入の仕組みが持てている ☐ 世の中への影響を意識して働くことができている ☐ 労働時間を減らしても収入が増える仕組みが持てている ☑ 自分の強みを活かした働き方ができている	**得意分野に投資して成果を出している** ☐ 得意分野に投資して成果を出すことができている ☐ どの運用法が自分に向いているのかがわかっている ☐ 受け身以外の運用方法も積極的に試している	**5年以上、純資産を減らしていない** ☐ 5年以上、純資産を減らしていない ☐ お金を生まない借金がない ☐ 会計の専門家に資産と収入をチェックしてもらっている	**お金や知識、経験を提供することを継続している** ☐ ボランティアに継続的に参加している ☐ 誰かに知識、経験を提供することを継続している ☐ 魚を与えるのではなく、魚の釣り方を教えることができている
少しの時間で多くの収入を得る仕組みを持っている ☐ お金のためではなく、楽しみや人のために働いている ☐ 少しの時間で多くの収入を得る仕組みを持っている ☐ 労働をなくし、資産からの収入で生計を立てられている	**再現性ある運用方法で、運用収入が支出を超えている** ☐ 運用収入が支出を超えている ☐ 再現性のある方法で資産運用ができている ☐ 資産運用で成果を出している仲間が10人以上いる	**労働収入がなくなっても生活ができるための資産・収入を持っている** ☐ 身内と相続や事業継承について話し合いができている ☐ 労働収入がなくなっても生活ができるための資産・収入を持っている ☐ 運用（株・不動産など）、税務、法務の分野で意見をもらえるチーム作りができている	**自分が持っているものを社会に還元する仕組みができている** ☐ 自分がボランティアに行くのではなく、それを主導する仕組みができている ☐ 自分が持っているものを社会に還元する仕組みができている ☐ 自分が社会に与えられる優れた点を理解して、還元している

★お金の教養STAGE チェックリスト🅑

	1 考え方	2 貯め方	3 使い方
STAGE 1 生活不安定型 **8** POINT	**お金に対して偏った考えを持っている** □ すぐにネガティブな言葉を発してしまう ✓ 新聞ではなくテレビやインターネットから情報を得ている ✓ 1年後の目標を立てていない	**お金が貯まらない** □ 収支が赤字の月が多い □ お金がいつの間にか減っている □ 家計が自転車操業になっている	**借金をしないと生活が回らない** ✓ 欲しいものがあったら衝動的に買ってしまう □ 貯蓄額よりも借金の金額のほうが多い □ クレジットカードの分割払い、リボ払いを利用している
STAGE 2 環境依存型 **13** POINT	**将来の不安があるが答えが見えない** □ ネガティブな言葉を発する友人が多い ✓ 将来の不安を数値化して把握できていない □ 多少不便でも出費が少ない選択肢をとっている	**貯蓄ができている** ✓ ごくたまに預金通帳を記帳している ✓ 将来いくら必要なのかがわからないまま貯蓄している ✓ 毎月の貯蓄額がまちまちだ	**毎月、何に使ったかわからない出費が多い** ✓ 我慢できずに欲しいものを買ってしまうことが多い ✓ タダと聞くとついつい惹かれてしまう ✓ どんな保障かよく理解しないまま保険に加入している
STAGE 3 堅実管理型 **7** POINT	**将来の不安を解決するため、日々行動している** ✓ 同じステージや下のステージの友だちが多い ✓ ライフプランの問題点はわかるが行動につなげられずにいる ✓ ムダな時間が多いと思っている	**先取り貯蓄など、貯蓄の仕組みができている** □ 毎月一定額を先取り貯蓄できている □ 老後に向けて一定ペースで貯蓄できている □ 貯蓄の一部を運用に振り向けることができている	**支出をコントロールできている** □ 必要なものと欲しいものを区別できている □ コストパフォーマンスを意識して買い物ができている □ 適正な保障の保険に加入することができている
STAGE 4 自己完成型 **2** POINT	**経験と失敗から成長する思考を持っている** □ 情報の精度を高めようと努力している ✓ ライフプランにおけるお金の問題はほぼ解決できている □ 時間コストを知って一部外注化できている	**年齢の2乗の貯蓄がある** (例:40歳×40=1600万円) □ 年齢の2乗の貯蓄ができている □ 老後に必要なお金の準備の目処が立っている □ 自分なりの貯蓄スタイルが築けている	**毎月、一定額を自己投資に使っている** □ 将来、住居費を払う側ではなく、もらう側になるための行動が起こせている □ 毎月、一定額を自己投資に使っている □ 民間の保険に加入しなくてもよい家計の基盤が作れている
STAGE 5 長期安定型 **0** POINT	**物事の本質をつかむ能力を持っている** □ 世の中に対して新しい価値を提供できている □ お金が軸ではなく、やりたいことを軸に日々判断している □ 人やメディアの言葉を、事実と意見に正しく分けて考えられる	**生涯必要な額の貯蓄がある** □ 意識しなくても貯蓄がどんどん増えている □ 生涯暮らしていくのに十分な貯蓄がある □ 貯蓄を意識しない生活ができている	**人の成長や、文化の継承などにお金を使っている** □ 次世代に残るものにお金を使うことができている □ 人生を豊かにする「時間」に対してお金を投じることができている □ ブランド物を持たなくとも、自分自身がブランドとなっている

STEP 3 それぞれの要素ごとのSTAGEを知る

4 稼ぎ方	5 増やし方	6 維持管理	7 社会還元
目の前の生活のために働いている ☐ 目の前の生活のために働いている ✔ 働く時間はほどほどに抑えたいと考えている ✔ 短期的な収入で仕事を判断している	**運良くお金が増えないかと日々願っている** ☐ 宝くじやギャンブルが好き ✔ 運良くお金が増えないかと期待している ✔ 銀行預金の金利を知らない	**お金の貸し借りや詐欺でトラブルになったことがある** ☐ 友だちにお金を貸している ☐ お金の貸し借りや詐欺でトラブルになったことがある ☐ 借金やリボ払いの残高が把握できていない	**与えられることはあっても与えたことはない** ☐ 募金活動に興味がない ✔ 人の成功がうらやましい ☐ 格差社会であることに不満がある
安定した収入を得ることができている ✔ 安定した収入を得ることができている ✔ 収入を増やすには働く時間を増やさなければと考えている ✔ スキルや能力アップのためではなく、生活のために働いている	**低金利に不満はあるが、預貯金しかしていない** ☐ 預貯金以外はリスクがあって怖いと感じている ☐ お金を増やすための本を読んだり、セミナーに参加してみたい ☐ 少しでも金利のよい定期預金を探している	**貯蓄の総額を把握している** ✔ 毎月の収支だけでなく、貯蓄の総額も把握している ✔ 公的年金や退職金の見込み額を把握している ✔ すべての借金やローンの残高を把握している	**身内や親友の助けになることができている** ☐ ボランティアへの参加に興味がある ☐ 身内や親友を支えることが多い ☐ 格差社会であることは当然だと思う
数年後も収入が増える働き方ができている ☐ 数年後も収入が増える働き方ができている ☐ 労働時間を減らしても収入が増える方法が理解できている ☐ ビジネススキームを構築することを意識して働くことができている	**投資信託、401(k)などの受け身の運用のみ** ☐ 資産運用はしているが、投資信託、401(k)などの受け身の運用のみ ☐ どの運用法が自分に向いているのかを模索している ✔ ニュースや経済指標を資産運用に活かせていない	**持っている資産（家、車、株、保険など）の時価を知っている** ☐ 持っている資産（家、車、株、保険など）の時価を知っている ✔ お金を生まないローンはせっせと繰り上げ返済している ☐ 家計のB/Sを作っている	**募金やボランティアに参加したことがある** ✔ ボランティアに参加したことがある ☐ 身内に毎月、仕送りをしている ✔ 社会的に弱い立場の人をできるだけ助けたいと思っている
時間ではなく成果に連動した収入の仕組みが持てている ☐ 世の中への影響を意識して働くことができている ☐ 労働時間を減らしても収入が増える仕組みが持てている ✔ 自分の強みを活かした働き方ができている	**得意分野に投資して成果を出している** ☐ 得意分野に投資して成果を出すことができている ☐ どの運用法が自分に向いているのかがわかっている ☐ 受け身以外の運用方法も積極的に試している	**5年以上、純資産を減らしていない** ☐ 5年以上、純資産を減らしていない ☐ お金を生まない借金がない ☐ 会計の専門家に資産と収入をチェックしてもらっている	**お金や知識、経験を提供することを継続している** ☐ ボランティアに継続的に参加している ☐ 誰かに知識、経験を提供することを継続している ☐ 魚を与えるのではなく、魚の釣り方を教えることができている
少しの時間で多くの収入を得る仕組みを持っている ☐ お金のためではなく、楽しみや人のために働いている ☐ 少しの時間で多くの収入を得る仕組みを持っている ☐ 労働をなくし、資産からの収入で生計を立てられている	**再現性ある運用方法で、運用収入が支出を超えている** ☐ 運用収入が支出を超えている ☐ 再現性のある方法で資産運用ができている ☐ 資産運用で成果を出している仲間が10人以上いる	**労働収入がなくなっても生活ができるための資産・収入を持っている** ☐ 身内と相続や事業継承について話し合いができている ☐ 労働収入がなくなっても生活ができるための資産・収入を持っている ☐ 運用(株・不動産など)、税務、法務の分野で意見をもらえるチーム作りができている	**自分が持っているものを社会に還元する仕組みができている** ☐ 自分がボランティアに行くのではなく、それを主導する仕組みができている ☐ 自分が持っているものを社会に還元する仕組みができている ☐ 自分が社会に与えられる優れた点を理解して、還元している

★お金の教養STAGE チェックリスト©

	1 考え方	2 貯め方	3 使い方
STAGE 1 生活不安定型 8 POINT	**お金に対して偏った考えを持っている** ☐ すぐにネガティブな言葉を発してしまう ☑ 新聞ではなくテレビやインターネットから情報を得ている ☑ 1年後の目標を立てていない	**お金が貯まらない** ☐ 収支が赤字の月が多い ☐ お金がいつの間にか減っている ☐ 家計が自転車操業になっている	**借金をしないと生活が回らない** ☑ 欲しいものがあったら衝動的に買ってしまう ☐ 貯蓄額よりも借金の金額のほうが多い ☐ クレジットカードの分割払い、リボ払いを利用している
STAGE 2 環境依存型 13 POINT	**将来の不安があるが答えが見えない** ☐ ネガティブな言葉を発する友人が多い ☑ 将来の不安を数値化して把握できていない ☐ 多少不便でも出費が少ない選択肢をとっている	**貯蓄ができている** ☑ ごくたまに預金通帳を記帳している ☑ 将来いくら必要なのかがわからないまま貯蓄している ☑ 毎月の貯蓄額がまちまちだ	**毎月、何に使ったかわからない出費が多い** ☑ 我慢できずに欲しいものを買ってしまうことが多い ☑ タダと聞くとついつい惹かれてしまう ☑ どんな保障かよく理解しないまま保険に加入している
STAGE 3 堅実管理型 7 POINT	**将来の不安を解決するため、日々行動している** ☑ 同じステージや下のステージの友だちが多い ☑ ライフプランの問題点はわかるが行動につなげられずにいる ☑ ムダな時間が多いと思っている	**先取り貯蓄など、貯蓄の仕組みができている** ☐ 毎月一定額を先取り貯蓄できている ☐ 老後に向けて一定ペースで貯蓄できている ☐ 貯蓄の一部を運用に振り向けることができている	**支出をコントロールできている** ☐ 必要なものと欲しいものを区別できている ☐ コストパフォーマンスを意識して買い物ができている ☐ 適正な保障の保険に加入することができている
STAGE 4 自己完成型 2 POINT	**経験と失敗から成長する思考を持っている** ☐ 情報の精度を高めようと努力している ☑ ライフプランにおけるお金の問題はほぼ解決できている ☐ 時間コストを知って一部外注化できている	**年齢の2乗の貯蓄がある** （例：40歳×40＝1600万円） ☐ 年齢の2乗の貯蓄ができている ☐ 老後に必要なお金の準備の目処が立っている ☐ 自分なりの貯蓄スタイルが築けている	**毎月、一定額を自己投資に使っている** ☐ 将来、住居費を払う側ではなく、もらう側になるための行動が起こせている ☐ 毎月、一定額を自己投資に使っている ☐ 民間の保険に加入しなくてもよい家計の基盤が作れている
STAGE 5 長期安定型 0 POINT	**物事の本質をつかむ能力を持っている** ☐ 世の中に対して新しい価値を提供できている ☐ お金が軸ではなく、やりたいことを軸に日々判断している ☐ 人やメディアの言葉を、事実と意見に正しく分けて考えられる	**生涯必要な額の貯蓄がある** ☐ 意識しなくても貯蓄がどんどん増えている ☐ 生涯暮らしていくのに十分な貯蓄がある ☐ 貯蓄を意識しない生活ができている	**人の成長や、文化の継承などにお金を使っている** ☐ 次世代に残るものにお金を使うことができている ☐ 人生を豊かにする「時間」に対してお金を投じることができている ☐ ブランド物を持たなくとも、自分自身がブランドとなっている

❹ お金の教養STAGEを高める方法

「お金の教養STAGEチェックリスト」を見ると、STAGE1とSTAGE5では、天と地ほどの違いがあることがわかる。

「使い方」を例にとると、STAGE1では借金をしないと生活が回らないのに対し、STAGE5では、人の成長や文化の継承などにお金を使っている。

「稼ぎ方」を例にとると、STAGE1では目の前の生活のために働いているのに対し、STAGE5では、少しの時間で多くの収入を得る仕組みを持つことができている。

こうして見るとずいぶん違うが、今はSTAGE5の人も、最初からSTAGE5だったわけではない。多くの人が、以前はSTAGE2だったであろうし、場合によってはSTAGE1だったという人もいるだろう。

お金の教養STAGEが上がると、お金の使い方や増やし方が上手になり、お金が貯まる。それだけではない。自分自身の価値を活かした働き方ができるようになり、より時間にゆとりが生まれる。自分の興味を活かした資産運用ができるようになり、それがストック収入に変化していく。より価値あるものにお金を使うことで、新しい経験や出会いに結びついていく。

こうした変化がシナジー効果を生み、これまでの人生の延長上にはなかった多くの新しい選択肢と出会うことができるようになるのだ。

イチロー選手にしても、最初から世界で通用する選手だったわけではない。1つ1つの行動を積み重ねて、1つずつ段階を上げてきたはずだ。あなたが現在、何かしらお金の悩みや不安を抱えているのであれば、まずは1つ、STAGEを上げてみよう。あなたの想像以上に、見える世界が変わるのを実感できるはずだ。まずは、めざすべきSTAGEを決めて、そこに向かって1つずつSTAGEを上げていこう。

めざすべきSTAGEは、人によってそれぞれだ。「STAGE3まで行けば、十分に幸せ」という人もいれば、「一度きりの人生だから、行けるところまで高みをめざしたい」という人もいるだろう。何も、すべての人がSTAGE5を目標にする必要はない。自分の価値観、人生観と対峙したうえで、めざすべきSTAGEと、何年後にそれを実現させたいのかを考えたい。あとは、このチェックリストがあなたの道標になってくれる。

STAGEに見合った行動をとる

繰り返しになるが、お金の教養とは、私がこれまで出会い、時間を共にした多くの経済的、心理的な自由を得た人々から、その価値観や成長の軌跡の共通項を発見してまとめた、普遍的な原理原則だ。そして、長い歳月をかけて、そこに向かうための方法論をロジックとして完成させたのがこの「お金の教養ＳＴＡＧＥ」という概念フレームワークだ。

この概念フレームワークの潜在能力を引き出していくうえで鍵を握るのが、「バランス」だ。

お金の教養ＳＴＡＧＥを高めるためには、そのＳＴＡＧＥに見合った行動をとることが重要になる。なぜなら、ＳＴＡＧＥに見合っていない行動をとると、ズレや違和感を生み、結果として信用が高まらないからだ。

先ほど、一流のプロスポーツ選手がポルシェに乗っているのはそれほど違和感がないが、社会人になりたての20代の若者が同じポルシェに乗っていたら金銭感覚に問題があるように映ってしまうと述べた。

では、反対に一流のプロスポーツ選手が、軽自動車に乗っていたらどうだろうか。１００円ショップの例と同様に、「この人はケチなのでは?」という目で世の中から見られ、結果として信用が高まりにくい。信用が高まらないと、長期的に高い収入を維持することは難しい。「軽自動車に乗る」という行為そのものは何のルール違反をしているわけでもないのに、だ。

たとえば、「稼ぎ方」「増やし方」がSTAGE5の人が、食事の際に、友人や後輩に絶対にご馳走せずに毎回割り勘での支払いを要求していたりしたら、非常にバランスが悪いと感じるだろう。この行為自体、法を犯しているわけでもないし、本来は非難される理由などどこにもない。しかし、本人が正しいことをしていると思っていたとしても、そのバランスの悪さゆえに、周りからの信用が高まりにくい。

信用を築かずに得たお金は、長期的には遠ざかっていってしまう。一時的には「稼ぎ方」「増やし方」がSTAGE5まで到達したとしても、他の要素のSTAGEが低いことによって信用が中途半端にしか得られず、安定してSTAGE5にいることが難しくなってしまうのだ。ゆえに、こうしたお金の教養STAGEを効率良く高めていくためには、できるだけ各要素ごとのSTAGEはバランス良く揃えておいたほうがよい。

ビジネスにおいて融資を受けるときにも、信用があるほどお金は借りやすい。ここでの信用には、いわゆる与信としての経済的信用のみならず、人脈や交友関係といった人間的信用も大きく影響する。

アメリカのあるウェブサイトでは、世界の著名投資家がいつ、誰に、いくらの投資をしたのかという情報が蓄積、公開されている。そして、投資を受けたという実績が、さらなる投資はもちろん、金融機関から融資を受けられる可能性を生んでいく。これらの資金調達によってビジネスはますますより大きくなっていく。「どれだけ人から信用されているか」という事実が、ダイレクトにビジネス、つまり「稼ぎ方」に結びついていくわかりやすい事例といえるだろう。

人生の重要な局面では信用が大きく影響する。高いＳＴＡＧＥになればなるほど、その影響度は大きくなる。より信用を高めるためにも、ＳＴＡＧＥに見合った行動をとるということはとても重要なのだ。

また、お金のトラブルに巻き込まれないためにも、ＳＴＡＧＥの各要素をバランス良く揃えて上げていく、ということは不可欠だ。

私が知っている限りでも、一流企業に勤めていながら多重債務を抱えている人は意外と多い。また、儲け話に乗ってまとまった資金を投資したらそのまま戻ってこなかった、不動産会社に勧められた投資用マンションを購入したら空室が続いて困っている、といった不穏な話も多い。ＳＴＡＧＥの各要素がアンバランスであることは、とかくトラブルを招くのだ。

「稼ぎ方」のSTAGEが高くても、「使い方」のSTAGEが低いと、収入以上にお金を使ってしまい、クレジットカードの返済に追われたり、キャッシングせざるをえない状況に陥ってしまったりする。「増やし方」のSTAGEが低いと、FXや先物取引、不動産投資などで過度なリスクをとってしまい、大きな損失を出してしまうこともある。「維持管理」のSTAGEが低いと、友人に頼まれてお金を貸し、それが原因で人間関係が壊れ、事件に発展することもある。

こうしたトラブルは、全体的なSTAGEが高い人ほど注意が必要だ。なぜなら、扱うお金が大きいために、トラブルになったときの金額も大きくなりやすい。加えて、お金があればあるほど、それを狙う人が寄ってきやすいからだ。

人間的な信用が高くても、お金の教養が低かったり、アンバランスだったりするとトラブルに巻き込まれる。お金のトラブルに巻き込まれると、結果的に信用度が下がり、自分の価値が下がってしまう。

流される力

多くの人は「お金が貯まらない」とか「お金の不安がない生活をしたい」と思っていて

★流されてみると世界が変わる

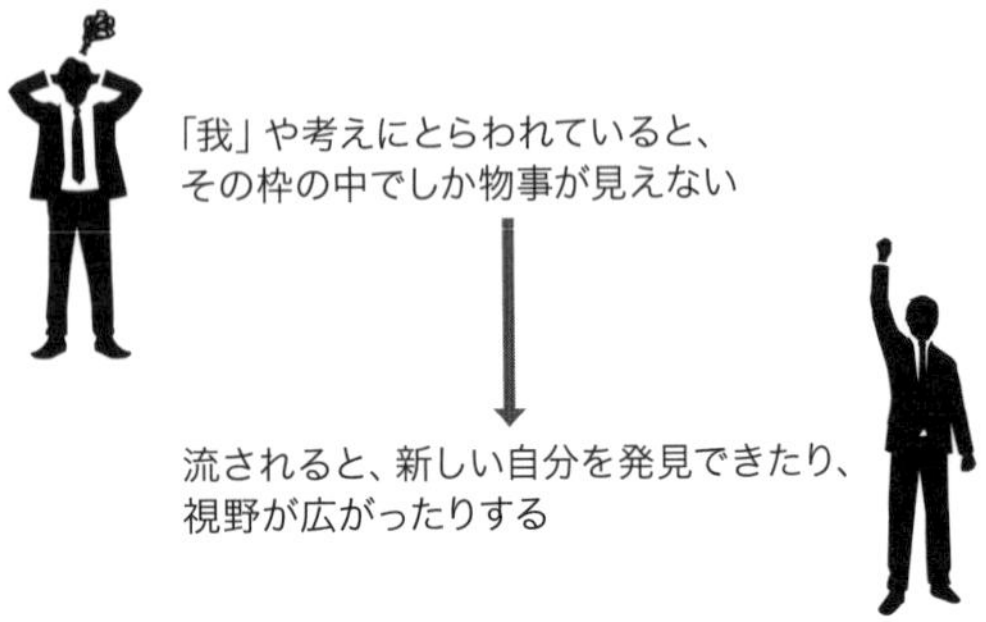
「我」や考えにとらわれていると、
その枠の中でしか物事が見えない
流されると、新しい自分を発見できたり、
視野が広がったりする

も、何をすればよいのかがわからない。しかし、現在の自分のＳＴＡＧＥと課題がわかれば、どのような行動をとればお金の悩みから解放され、信用を高め、自由でゆとりある生活が送れるのかが一目瞭然になる。

もしあなたが今の生活に満足できておらず、将来に何かしらの不安を抱えているのであれば、騙されたと思ってでも「お金の教養ＳＴＡＧＥチェックリスト」で浮き彫りになった課題を行動に起こしてみよう。なぜなら、何も行動を起こさないままでは、目の前の問題や不安が大きくなることこそあれ、解決することはないからだ。

日本には昔から、自分の考えをしっかり持っていることを、美徳かつ大人の人間として評価するという文化がある。しかし、さらに一歩成長したいという過程においては、「我」は捨てたほうが賢明だ。

なぜなら、先ほども述べたように、もしもあなたが現在、お金の悩みや不安を抱えているとしたら、厳しい言い方をすれば、それは「これまでのお金に対する判断が正しくなかった」ということの結果だ。そうであれば、「我」や、未熟であるかもしれない考えを捨て、結果を出している人の考え方や判断を素直に吸収しながら行動したほうが正しい結果に結びついていく確率は高いといえる。こういった行動ができる力を、私は「流される力」と呼んでいる。

自分のこれまでの経験は、積もり積もって自分の「常識」となる。しかし、当たり前かもしれないが、常識は人によって違う。

日本では食事のとき、お椀は手で持たないと失礼にあたる。一方で韓国では、お椀を持たずに置いたまま食べるのが礼儀として正しいとされる。つまり、日本の常識は、世界の常識ではないのだ。

ビジネスにおいても、「メールでは失礼だと思ったので、電話をしました」という人がたまにいるが、忙しい人、電話が好きではない人にとっては、礼儀どころか、かえって迷惑にあたる。

自分の中の常識は、必ずしも他人の常識ではない。このことをしっかり自覚すれば、「我」は捨てられる。

仕事柄、これまで多くの経営者にお会いしてきたが、世間では「カリスマ経営者」と呼ばれ、「我」が強いイメージが浸透していても、実際には驚くほど「流される力」が高い人は少なくない。信頼している相手からアドバイスされたら、次の日には仕事で実行してみる。お勧めの商品やレストランを教えてもらったら、10秒後にはスマートフォンから商品ページにアクセスし、注文する。スケジュールを開き、空いている日程に予約を入れる。そこに「我」は存在しない。

こうした「流される力」の効用は想像以上に大きい。なぜなら、すぐに実行に移すことで、自分がどんどんと新しい経験を積み、成長できる。仮に、やってみたら思ったほどでもなかったということがあったとしても、それ自体が立派な経験として自分の中に残る。

また、「流される力」があればあるほど、周りから目をかけてもらいやすくなる。実行に移さない人にはいずれ誰もアドバイスをくれなくなるが、すぐに実行しているのを見れば誰だって嬉しい。「また良い情報があれば教えてあげよう」と思うのが人の心理というものだ。

そもそも、誰かがアドバイスをしてくれるということは、有限である自分の「時間」をあなたのために使ってくれているということだ。その相手がその分野においてあなたよりＳＴＡＧＥの高い人であれば、その時間単価もあなたより高いはずだ。それを無駄にするのは、自分のためにならないばかりか、相手にも失礼だ。「流される力」なくして自分よりSTAGEの高い相手との信頼関係は生まれないのだ。

山の頂上からは下がすべて見える

自分が経験したいと思っていることや、壁にぶつかっていることのほとんどは、世の中の誰かが経験していることだ。

「英会話力がなかなか上達しない」と悩んでいたとしたら、その悩みを経験しているのはあなただけではない。日本中、いや世界中で何百万人という人が同じ悩みを抱え、その一部の人はすでに答えを見出すことができている。試しに、インターネットの検索画面を立ち上げ、「英会話　上達　方法」などと打ち込んで検索してみよう。そこには数え切れないぐらいのあなたと同じ悩みと試行錯誤の痕跡があるはずだ。

「いつかは海外に留学したい」「上司とソリが合わなくて困っている」「子どもを有名校に進学させたい」「両親の介護の問題で悩んでいる」「個展を開きたい」「なかなかダイエットが成功しない」「パラグライダーに挑戦してみたい」「花粉症が年々ひどくなる」……夢も悩みも人千差万別であろう。しかし、それでも大抵のことは、広い世の中、誰かがすでに経験し、答えを持っているものだ。

山の頂上からは下がすべて見える

お金についてならなおのこと。日本国内だけでも1億2000万人、ほぼすべての人が、毎日お金というものと付き合っている。そこでの経験値の蓄積は、他の事柄とは比べものにならない。ほとんどのお金の悩みや不安の答えは、あなたが知らないだけで、すでに「ある」のだ。

そして、面白いことに、今のあなたには自分より高いSTAGEの世界が見えなくても、STAGEの高い人からは、自分よりも低いSTAGEのことはすべて見えている。

7歳の子どもがいくら悪知恵をはたらいたところで、親はすべてお見通しだ。「就職がなかなか決まらない」と悩んでいる大学生のどこに問題があるのかは、30歳の社会人から見れば明白だろう。

これと同じことがSTAGEにもいえる。あなたの考え方や行動のどこが間違っているのか、どう変えれば一段高いＳＴＡＧＥに行けるのか。山の頂上からは下がすべて見えるように、ＳＴＡＧＥの高い人からはすべて見通すことができているのだ。

ＳＴＡＧＥに「思考信託」をする

　このような、すでに結果を出している人の考え方と行動を真似ることで短期間のうちに寄り道をせずに人として成長できる方法を、私は「思考信託」と呼んでいる。

『広辞苑』によると、「信託」とは、「信用して任せること」を意味する。

　エベレストに登りたいなら、エベレスト登頂に成功した経験のある人に聞くのが一番だ。起業して独立したいのであれば、起業して事業を成長させている人に聞くのが確実だ。なぜなら、それがいち早く目的地に到着できるからだ。

　では、お金の教養を高めて、お金の悩みから解放されたいのなら、どうすべきか。すでにそれを経験し、結果を出している人に聞くのが最も近道だということがわかるだろう。

　本当はあなたの身近に信用してそっくり真似したくなるような成功者がいればよいのだが、身近に偶然そのような人がいて、かつ、あなたにその成功への道を丁寧に説いてくれるという状況は、よほどの幸運がない限りはないだろう。そうした場合でも、その方法論を普遍的な原理原則としてまとめた「お金の教養ＳＴＡＧＥ」があれば、道標としてあなたが取り組むべき課題が見えてくる。それがあなたの答えになる。

成功者と同じことをすれば、最終的にはあなたも同じ結果を得ることができる。

これは、『フォーカル・ポイント』（ディスカヴァー・トゥエンティワン）の著者であるブライアン・トレーシーの言葉だ。

「我」を捨てて「流される」ことによって、想像していたよりも速いスピードで次のＳＴＡＧＥに行くことができる。その結果、自分の知らなかった魅力的な人と出会うチャンスに恵まれ、新しい世界を見ることができるのだ。

情報を正しく扱える力

「流される力」と並んで、お金の教養ＳＴＡＧＥを高めるために不可欠なのが、「情報を正しく扱える力」だ。

私たちが物事を正しく判断していくためには、必ず判断材料としての「情報」が必要だ。

その情報を正しく扱うことができないと、判断そのものも正しく下せない。

より精度の高い判断を下し、成果を出していくためには、正しい情報の使い方を身につけなければならない。そのために意識したいのが、人から伝え聞く情報には、「事実」と「意見」があるということだ。

事実については、正しい情報として100%受け止める。しかし、そうではないものは、あくまでも相手の意見であり、相手の主観であるというフィルターをかけて受け止める。これが重要だ。

「伸びると思う」「ニーズがない」「女性に人気だ」「美味しい」。そういった、人の考えが入り込んでいる情報、感覚に基づいた情報については、それを裏づける論拠や数字的根拠を確認する習慣をつけたい。

「誰々が○○と言っていた」という話も、一見事実のように聞こえはするかもしれないが、伝聞者のフィルターがかかっている。相手の言葉を要約したり、わかりやすく言葉を補足したりした段階で、無意識にではあっても必ず伝聞者の主観が入る。さも本当であるかのような臨場感を持って伝えられたとしても、伝聞は100%事実にはなりえないということを肝に銘じておこう。

同じ意見にしても、どんなスキルや経験を持っている人が言っているのかということを客観的に捉える必要がある。

三つ星フレンチレストランのシェフが「パリに美味しいフレンチレストランがあるよ」と言ったとしたら、本人が直接パリに行って確かめたにせよ、周りから聞いたにせよ、それは限りなく高いレベルの「意見」だろう。一方、田舎で育って、田舎料理については誰もが舌鼓を打つレベルだが、日本から一度も出たことがないおばあちゃんが「パリに美味しいフレンチレストランがあるよ」と言っても、その情報の精度が高いとは思えない。本人がパリに行って確かめたわけではないだろうし、情報の出どころがわからないが、おそらく雑誌やテレビからの一般的な情報だろう。

一方で、おばあちゃんが「お米は水を手のひらの厚さまで入れて薪で炊くと美味しくなる」という「意見」を言ったとしたら、それは限りなく高いレベルの意見だ。一方、三つ星フレンチレストランのシェフが「お米は水を手のひらの厚さまで入れて薪で炊くと美味しくなるんだよ」と言っても、そもそも米を炊くことの少ないフレンチのシェフの意見では、素人の意見と大差がない。

人は誰しも周りより経験、スキルの高い得意分野を持ち合わせている。その分野は、一口に料理といっても、フレンチから田舎の和食まで幅広い。その中で、その人の得意分野をできるだけ緻密に捉え、ＳＴＡＧＥが高い部分についての意見のみ、素直に耳を傾ける。

つまり、部分的な「思考信託」ができると、情報をもとに下す判断の精度も高まっていく。言動だけでなく、実際に行動し、結果を出した人、つまり言動・行動・結果が一致している人の言葉であれば、それが意見であっても事実であっても、情報としては有益だ。しかしそうでない人、つまり、結果を出していない人の意見は聞くに及ばない。

情報を扱う際には、どんな結果を出した人が言っているのか、それが意見か事実なのかというフィルターを通すことを習慣化しよう。情報と判断の精度が高まることで、あなたの成長曲線は、上昇に向かって大きな弧を描いていくはずだ。

分散から集中、そして再び分散へ

資産運用の世界で最も定番の成功法則とされているのが「分散投資」だ。しかし、分散投資だけをやっていたのでは、資産は少しずつ増えていくかもしれないが、人生に劇的な変化をもたらすほどの影響は望めない。

なぜなら、分散投資はリスクを分散できる一方で、リターンも分散させてしまうからだ。分散投資は「大きく勝つため」の方法ではなく、「大きく負けないため」の方法だ。したがって、いつまでも分散投資をしていては、資産が大きく増えることはない。せっかく時間を使って知識を身につけ、リスクをとって資産運用に取り組んでいるのに、人生全体で見るとほとんど変化がないということになってしまう。

スポーツにたとえるとわかりやすいだろう。野球、サッカー、テニス、アイススケート、卓球、水泳などすべてにおいてプロになれる人はまずいない。小さい頃からさまざまなスポーツを経験し、その中から卓球の才能が見えたときに、卓球にお金や時間、知識、経験などを集中させていくことでトップになり、結果を出すことができるのだ。

分散投資に意味がないと言っているのではない。STAGE2の段階であれば、知識を身につけることと並行して、保有資産の1割でさまざまな種類の金融商品に分散投資し、試してみることをお勧めしたい。その中で試行錯誤をしながら、相性が良く、自分が楽しいと思える、未来の「専門分野」を探し出していこう。

得意分野が見つかったら、そこに知識と時間とお金を集中させていく。自分が働くことで得られている収入と匹敵するぐらいの成果を生めるようになれば、STAGE4だ。資産運用によって「少し増えた」という垣根を越え、時間とお金に縛られない人生が送れるようになっていくのだ。

そして、自分が働かなくなっても生活できるだけの資産や、そこから収入が得られる仕組みが築けたら、本当の意味で分散投資が必要な段階がやってくる。

ＳＴＡＧＥ５になると、ストック収入や、少しの時間で多くの収入を得られるビジネスの仕組みがあるため、それ以上、積極的に資産運用をしなくても、十分にお金は増えていく。したがってＳＴＡＧＥ５では、一流の専門家の意見を聞きながら、分散投資によって適切なポートフォリオを構築し、資産を維持管理していく。分散投資の真骨頂は、億単位の資産を持つ人が、自分の資産を目減りさせないために行うところにあるのだ。

こうした考え方が有効なのは、資産運用に限った話ではない。仕事も趣味も、自分への投資も、すべてが同じだ。ＳＴＡＧＥが１～２と低いうちは、分散して幅広く経験する。そしてそこから好きで得意な分野を見つけ、ＳＴＡＧＥ３～４で時間と知識とお金を集中させていく。このシフトチェンジを意識しながらＳＴＡＧＥを高めていこう。

B/SとP/LをイメージしながらSTAGEを高める

Ｂ／Ｓ（貸借対照表）やＰ／Ｌ（損益計算書）というと、一般的には仕事で新規の取引を開始するときや、株式投資で銘柄選びをするときに業績を確認するために使うもの、というイメージを持っている人がほとんどだろう。しかし実は、これらはお金の教養ＳＴＡＧＥを高めるためのイメージトレーニングにもってこいだ。

B／SやP／Lが本質的に表しているのは、単なる損益や資産・負債の状況ではない。もっと立体的で、もっと人間的な、自分と相手の信用の有り様なのだ。

このことを踏まえてB／SやP／Lを見ると、これらは「どうすればお金の教養STAGEを高められるか」という方法論を考えるときに大きな示唆を与えてくれる。

左の図を見ながら順を追って確認していってほしい。

STAGE1からSTAGE2に上がるためには、まず、支出のコントロールから始める。浪費を減らし、消費を効率化し、少しでも多くの金額を自己投資に回す。これができるようになると、初めてSTAGE1の悪いスパイラルから抜け出すための扉が開かれる。すべてはここから始まる。

生活費の一部から自己投資に回すお金が作れるようになったら、STAGEは1から2へと上がり始める。自己投資によって、あなたのB／Sにはスキルや知識、経験という「自分資産」が蓄積される。それは目には見えないかもしれないが、将来に向けたプライスレスな「資産」だ。

自分資産が高まるということは、あなたが社会に対して提供できることの価値が高まるということと同義だ。価値が高まれば、会社員として働くにせよ、独立・起業して働くにせよ、あなたの「単価」は上がる。つまり、労働による収入が高まる。これを積み重ねて

★ お金の教養STAGEとB/S・P/L

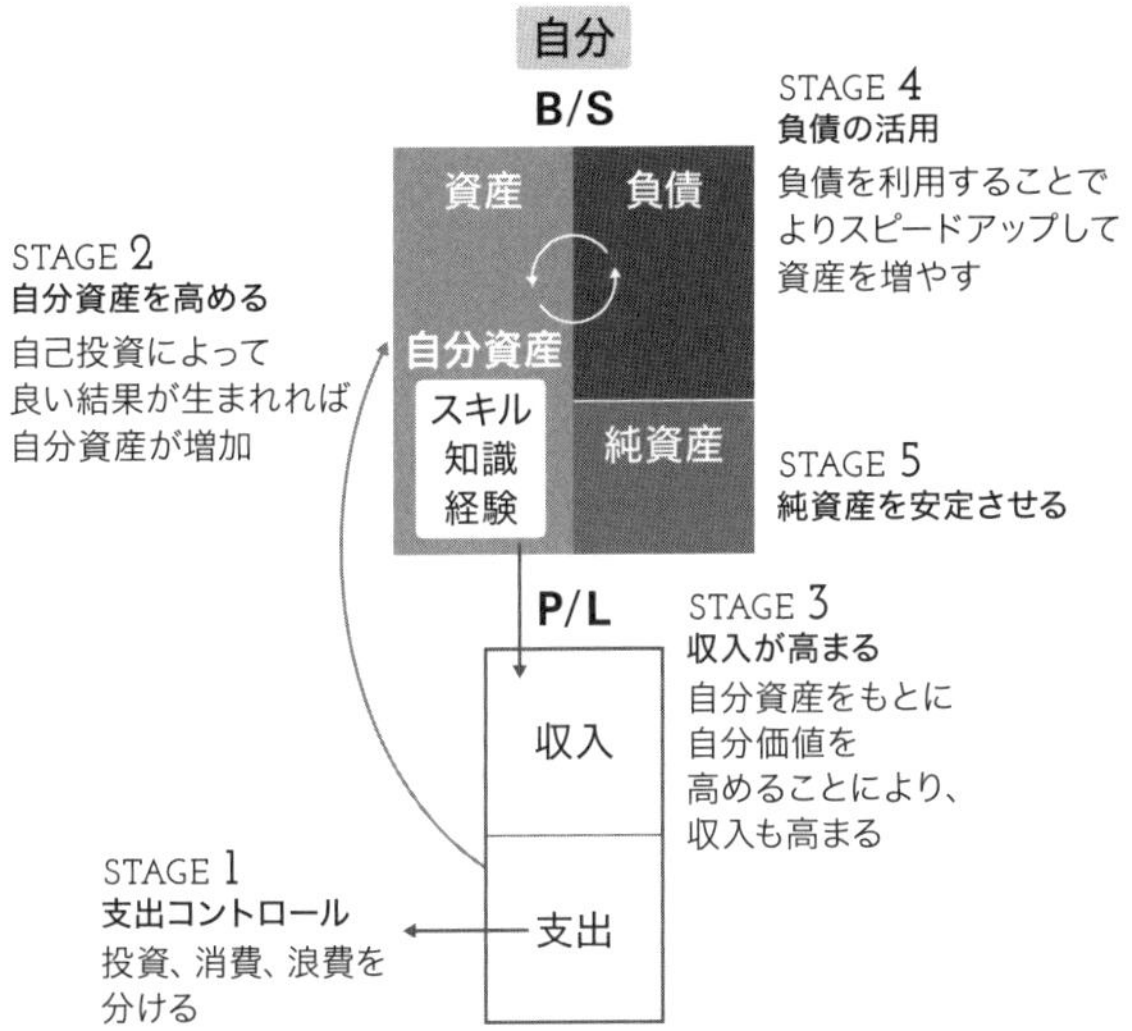

自分
B/S
資産
負債
自分資産
スキル
知識
経験
純資産
P/L
収入
支出
STAGE 1
支出コントロール
投資、消費、浪費を分ける
STAGE 2
自分資産を高める
自己投資によって良い結果が生まれれば自分資産が増加
STAGE 3
収入が高まる
自分資産をもとに自分価値を高めることにより、収入も高まる
STAGE 4
負債の活用
負債を利用することでよりスピードアップして資産を増やす
STAGE 5
純資産を安定させる

いくことで、STAGE3へとたどり着く。

お金の教養STAGEをSTAGE3まで高めることができたら、新たな選択肢として、B／Sの右側にある負債の力を戦略的に活用していきたい。

負債の力を活用するといっても、住宅ローンを組んでマイホームを購入する、といった表面的な話ではない。ここでの目的は、負債を効果的に活用することで、純資産が増えるスピードを加速化させるということにある。銀行から融資を受けて収益物件を購入する。ビジネスにおいても、負債によって資金を調達したり、M&Aやヘッドハンティングによって他人の知識やスキル、ノウハウを手に入れることで成長スピードを速めたりと、方法はいろいろあるだろう。

P／Lでの「支出」もB／Sでの「負債」も、一般的にマイナスの要素と思いがちだが、これをあえて活用することは、体を鍛え、成長させていくための屈伸のようなものだ。お金の教養STAGEが低い段階で場当たり的に支出をしたり、借金をしたりすることは決して良い結果を生まないが、お金の教養STAGEが3以上に高まれば、負債に対しても何が善で何が悪なのかの正しい判断ができるようになる。

こうして屈伸を繰り返していると、徐々に筋肉がついてきて、負債をより安全にコントロールする能力が高まっていく。同時に、純資産の増加スピードも加速化していく。STAGE4は、これまで比例で伸びてきた純資産の金額が、大きく弧を描き始めるSTAGEだともいえるだろう。いわゆる「レバレッジ効果」だ。

こうして負債の力を味方につけながら、雪だるまのように純資産を増やしていくと、STAGE5が見えてくる。STAGE5にたどり着き、これ以上純資産を増やす必要がない、と感じる段階まで来たら、最後はそれを分散投資によって安定させるということに意識を向けよう。お金の教養の7つの要素のうち、6つ目の維持管理のスキルが最も重要になるときだ。

とはいえ、このSTAGEまでたどり着けば、基本的には増やすことを意識せず、放っておいても純資産は増えていく。

その理由は2つある。1つは、それまでに蓄積された負債を活用した投資によって、資産が増える仕組みができあがっているからだ。加えて、どうすればリスクを回避できるのかという感覚や経験値が研ぎ澄まされているので、たとえ負債額がＳＴＡＧＥ2や3の人の何十倍、何百倍とあったとしても、むしろ総合的に見たリスクは小さくできるのがＳＴＡＧＥ5の人々だ。

そしてもう1つは、これまでお金の教養ＳＴＡＧＥを高めてきた過程において、あなたの「自分資産」が最大限に高まっているからだ。

自分への投資にはそもそも損失という概念がない。投資すればするほど自分資産は増えていき、減ることがない。ＳＴＡＧＥ5ともなれば、社会的信用も心理的信用も十分に高まっている。加えて、自分資産の蓄積によって日常の判断の精度が高まっていること、信頼できる人々に囲まれていることから、意識せずともすべてが良い循環に入っていくのだ。

STAGEと時間の関係

若くして亡くなる人もいれば、90歳、１００歳まで元気に人生を謳歌して大往生する人など、人生の長さはさまざまだ。1日の長さも、人生の長さも、自分ではコントロールできず、形として見えるものでもないが、これらの時間はすべて自分にとってかけがえのない資産だ。生まれたときから命が尽きるまでが自分の「持ち時間」であるし、その持ち時間があとどのぐらいなのかは誰にも正確にはわからない。

拙書『タイムデザイン』(フォレスト出版)の中でも書いたが、私たちが自由で幸せに生きるためには、お金と時間——この有形、無形の2つの資産とどのような関係を築けるかが重要な鍵を握っている。

お金の教養STAGEが高まっていけば、それに比例してお金が貯まり、お金を使ったり、増やしたりすることが上手になっていく。

同時に、お金の教養STAGEが高まり、お金にゆとりができるほど、「他者の時間」を使うことができるようになる。ハウスクリーニングや庭の手入れ、英会話のマンツーマンレッスンなどがわかりやすい例だ。確定申告も、税理士に依頼すれば、自分で領収書とにらめっこしながら電卓を叩く必要もない。

タクシーに乗れば移動時間が短くてすむし、高い家賃を出すことで、通勤時間が短縮できるかもしれない。最近ではテーマパークでも、お金をより多く支払えば待ち時間が少なくてすむ特別なチケットが売られている。航空会社のプレミアム会員になれば、空港のチェックインカウンターや保安検査場の大行列に並ばずにすむ。預けたスーツケースも、到着時に優先して運び出してもらえる。

こうして、お金があることで時間にゆとりが生まれ、自由な時間の基礎ができると、場所の縛りも緩くなっていく。新しい文化や新しい世界に触れる機会を多く持てることで思考の器が広がり、そこから将来のリターンが生まれるという「幸せな循環」に入っていくのだ。

お金の教養ＳＴＡＧＥが高まるということは、人間に平等に与えられた「時間」という無形資産と、よりよい関係を築けるということでもあるのだ。

ないない尽くしの老後と、あるある尽くしの老後

一口に「老後」といっても、ベストセラーになった『下流老人』（藤田孝典著、朝日新聞出版）で取り上げられているように、生活を切り詰め、わずかな公的年金を頼りに孤独な生活を送っている人もいれば、数千万円の入居金を支払って、管理栄養士が考えた健康的な3度の食事から医療・介護まで万全の環境が整っている有料老人ホームの個室で悠々自適な生活を送っている人もいる。

ないない尽くしの老後と、あるある尽くしの老後。この差に大きな影響を与えているのが、これまでの人生での時間の使い方だ。

小学生の頃は、クラスごとに担任によって時間割が決められていた。何曜日にどんな習い事をするか、週末にどこに出かけて何をするかは、両親が決定権の多くを持っていた。中学生、高校生、大学生と学年が上がるにつれ、部活やサークル、長期休暇の過ごし方など、自分で決められる範囲が広がっていく。

社会人になると、時間に加えてお金の自由度も高まるので、選択肢は一気に広がる。もちろん、上司や先輩から指示された仕事もあるだろうが、それをどう効率良く片づけ、自分の時間を生み出し、その自分の時間をどう使うかは、自分次第だ。いわば、可処分所得とともに、人生の中での可処分時間が一気に増えるのがこのタイミングだ。

ここで自分に与えられた可処分時間をどのように使うのか——。この、自分に与えられた時間という「資産」の使い方次第で、将来のお金の教養ＳＴＡＧＥに差が開く。そして、その差は最終的に、「老後」の差となって表れてくるのだ。

現役時代に可処分時間を有効活用せず、漫然とテレビやインターネットを見ていたり、会社の同僚や友人と愚痴を言ったり、うわさ話をしたりして過ごした人は、結果的に収入が増えない。それに比例して老後にもらえる公的年金も増えないため、「いかに節制して生活できるか」が老後の最大の関心事になる。必然的に家の周辺だけがほとんどの行動範囲になる。そして、日に日に体力が落ちて衰えていく自分を眺めながら、残された時間をやり過ごすほかなくなってしまうのだ。

一方、現役時代から可処分時間の有効活用を意識し、自己投資に励み、収入を増やしてきた人は、老後の生活においても金銭的不安が少ない。体力づくりや食事など健康への投資ができていれば、老後に残された時間の中で健康的に過ごせる時間も長いであろう。

計画的にお金を貯め、資産運用にも取り組めていれば、公的年金以外に運用による収入も得られる。余裕資金があれば、現役時代にはできなかった世界一周旅行に行くこともできるし、これまでの経験を活かしてボランティアなどの社会貢献に励むこともできるかもしれない。

時々、「老後になったらもっと好きなことをやろう」とか「退職金をもらったら資産運用を始めよう」などと、やりたいこと、興味のあることのスタート時期の照準を「老後」に合わせる人がいるが、こうした先送り癖がある人は総じて、お金の教養ＳＴＡＧＥが高まらない。

資産運用１つとっても、退職金を元手にして始めるよりも、20代、30代の頃から経験を積み重ねたほうが、資金もスキルも格段に高まっていることは明白だ。

何より、こうした先送りの思考癖は、歳を重ねるほど深く染みついていく。そして、老後になっても直らないまま、さらなる先送りを重ねて70歳、80歳と歳をとっていく。

お金の教養STAGEによる生活の違いは、老後に最も大きな差となって表面化する。そして、その差を生み出しているのは、今あなたの目の前にある「可処分時間」の使い方なのだ。

▼「生涯予算制約」に縛られない人生に向けて

あなたが懸賞に当たったとする。なんと賞金は現金100万円だ。

そのとき、懸賞の主催者から1つの提案があった。

「あなたには選択権がある。1つは、そのまま何もせずに持って帰ること。もう1つは箱の中の玉を引くことだ。この箱の中には、赤い玉が5個と青い玉が5個入っている。もしあなたが赤い玉を引き当てたら2倍の200万円がもらえる。でも、もし青い玉を引き当てたら、最初に当たった100万円も没収する」。

さて、あなたは勝負をするだろうか。それとも確実に100万円を持って帰れるほうを選ぶだろうか。

結論から言えば、この場合の計算上の期待値は、どちらの選択肢も同額の100万円だ。にもかかわらず、多くの人は、賭けに出ずにそのまま100万円を持って帰るほうを選ぶ。なぜなら人間は、目の前に確実な利益があると、たとえ上振れする可能性があったとしても「利益が手に入らない」というリスクを回避することを優先するからだ。このことは、行動ファイナンスによっても実証されている。

これは人生でも同じだ。多くの人は、収入や消費の増減が激しい人生よりも、たとえ大きく上振れすることがなくても、安定した収入を得ることができる人生を好む。公務員という職業が不動の人気を誇っているのもこうした所以といえる。住宅ローンを組む際にも、「フラット35」をはじめとする長期の固定金利の住宅ローンを組むことで安心感を得る人は少なくない。

私たちは、こうした安定志向やリスク回避志向が強いばかりに、あまりにも安易に人生が上振れする可能性を抹消してしまっていないだろうか。

ファイナンシャルプランナーや保険の販売員が作るライフプラン・シミュレーションも、「リスクを回避し、ライフイベントをつつがなくクリアする」「人生で必要な費用の総額を計算し、人生を終えるまでに足りなくならないようにする」ということが正しいライフプランニングのあり方とされ、ゴールが設定されている。

そして、生涯の予算の中から適正配分を行い、「毎月の出費は35万円以下に抑えましょう」「老後のために毎月4万円の積立てが必要です」など、夢を叶えたりリスクをとって挑戦したりする可能性を摘み取ってしまう。せっかく頑張って稼いだお金も、あらかじめシミュレートされた人生全体の予算上でやりくりをするためだけに使われることになるのだ。

これはある意味、仕方のないことだ。なぜなら多くの場合、ライフプランを作るファイナンシャルプランナーや保険の販売員自身がSTAGE2、高くてもSTAGE3なので、それ以上のSTAGEの世界は見えていない。ゆえに、自分にも見えていない世界をあなたに見せてあげるということは不可能だからだ。

しかし、人生は一度きりだ。少なくとも、本書をここまで読み進めたあなたであれば、「リスクを回避し、ライフイベントをつつがなくクリアする」「人生で必要な費用の総額を計算し、人生を終えるまでに足りなくならないようにする」といったことが、人生の本来のゴールではないだろう。

小学生や中学生に人生の夢を尋ねたら、こうしたリスク回避志向ばかりが先に立つ答えは返ってこないはずだ。それなのに、社会に出て、現実を知ると、人はいつしか「何事もなく日々が送れているのだから、それ以上を望むのは贅沢なのではないか」といった価値観に縛られていく。

現在、どんなにお金の教養ＳＴＡＧＥが高い人であっても、多くはＳＴＡＧＥ２からスタートを切っている。そして、飽くなき成長意欲を持つことでＳＴＡＧＥを高め、経済的にも心理的にも自由を手に入れているのだ。同じことがあなたにできない理由はどこにもない。

「生涯予算制約」から自分を解き放とう。そして、小さなことから大きなことまで、やりたいことすべてを叶える人生を志向しよう。そのために、お金の教養ＳＴＡＧＥを高めよう。このことが、「自分の人生の満足感が足りない」という、人生最大のリスクを回避することにつながり、経済的にも心理的にも豊かな人生を実現へと導くのだ。

自分の人生の演出家は、自分をおいて他にはいない。だからこそ、納得いくまで自分の人生のＳＴＡＧＥ（舞台）を輝かせよう。

第6章

お金と人格

❶

金は人格なり

1858年にイギリスの作家サミュエル・スマイルズによって出版された世界的名著の『自助論』(三笠書房)に、お金について大切なことが書かれている。

「金は人格なり」

人間の優れた資質のいくつかは、

金の正しい使い方と密接な関係を持っている。

寛容、誠実、自己犠牲などはもとより、

倹約や将来への配慮というような現実的な美徳さえ、

金とは切っても切れない仲にある。

詩人のヘンリー・テーラーも、その著書『人生ノート』の中で、次のように言っている。

金儲けや貯蓄、支出、金銭の授受や貸し借り、
財産遺贈などが正しく行われているかどうかを見れば、
その人の人格の完成度もおおよその見当がつくのである。

つまり、お金と信用は密接な関係にあるだけでなく、収入というお金の結果や日々のお金との付き合い方を見れば、その人がどんな人なのかさえもわかってしまうということだ。その人のお金との付き合い方は、どんな言葉よりもはるかに雄弁に、その人の人格を語るのである。

日本では長らく、お金と人格を正の相関で結びつけることはおろか、暗に「お金を好む人は、人格に難あり」といったような負の相関の価値観が受け継がれてきたが、近年になってようやく変化のきざしが見えてきた。

たとえば、日本銀行に事務局を置く「金融広報中央委員会」では、金銭の教育を

- 人間形成の土台となる教育
- 「生きる力」を育てる教育

と定め、モノやお金を大切にし、資源の無駄遣いを避ける心配りを身につけさせ、それを通じて望ましい人格の形成をめざす教育を行うという教育概念を打ち出している。お金について学ぶことが、単に金銭感覚が身につくだけではなく、人格形成にもつながる教育になる、ということを明言しているのだ。

お金について学ぶことなど必要のなかった時代から、お金について学ばなければ生きづらくなる時代へと変化が起こると同時に、お金は信用の結果であり、そこには人格が表れるのだということに社会が気づき始めているのである。

教養のあるお金の使い方が人格を作る

お金の使い方には、その人の人格がそのまま出る。だからこそ、お金は教養のある使い方をしなければならない。

あなたは新幹線のグランクラスを利用したことがあるだろうか。東北新幹線「E5系」

や北陸新幹線「E7系」「W7系」に連結されている新幹線のファーストクラスだ。高級感のある内装に、プライベート感のあるゆったりしたシート、読書灯に軽食やドリンクをオーダーできるコールボタンと、飛行機のファーストクラスにも遜色ない雰囲気だが、何を隠そうその料金は、グリーン車と5000円ほど、通常の座席と比べても6000〜1万円しか違わない。

そのためか「試しに一度、奮発して乗ってみよう」という花見客が多い。そして、無料の食事やら、飲み放題のワインやらに、ここぞとばかりに群がる。私の知り合いの富裕層は、そうした光景に嫌気が差し、「差額の返還はいらないから」と途中でグリーン車に変更してもらったと言っていた。それ以来、グランクラスには乗っていないそうだ。

これは、飛行機のファーストクラスには決して見られない光景だ。なぜなら、飛行機のファーストクラスは通常の座席との金額の差が大きい。少なくとも数万円、場合によっては数十万円の違いがある。したがって、こうした花見客のような乗客はほとんどいない。むしろ、無料の食事やワインには目もくれず、ゆったりと読書をしたり、仕事をしたり、睡眠をとったりと自分の時間を楽しむ人が多い。

お金はあなたを映す鏡だ。しかし、これは「何に使うか」という単純な話ではない。お金を使って身を置いた空間で教養のある立ち振る舞いができてこそ、教養あるお金の使い方といえるのだ。

一流ホテルのラウンジやバー。ミシュランで星がついているフレンチレストランや寿司店。こういった場所は「お金を支払って、体験した」だけで教養のあるお金の使い方ができたとはいえない。その空間にふさわしい服装、立ち振る舞い、食事のマナー、お酒の飲み方、そして、教養ある会話。こういったことまでできてこそ、新しい世界が開け、人格が磨かれるのだ。

教養のあるお金の使い方をすることは、人格を磨くことにつながる。人格が磨かれた人には、信用が集まる。信用がある人には、お金が集まる。そのお金を、教養の高い使い方をすることによって、さらに人格が磨かれ、信用が高まっていく――「お金の教養STAGE」が高まれば高まるほど、自然とこうした循環に入っていく。これこそが、経済的、心理的に自由な人生を実現するための理想的な循環なのである。

積み上げはコツコツ、落ちるときは一瞬

私たちは、発言だけで他人を心から信用することはない。人間的信用は、過去の言動、行動、結果の一致が積み重なった結果でしか得られない。今日発言したこと、今日行動し

たことが、未来から見た過去となり、それが人間的信用として積み上がり、人格に結びついていくのだ。

しかし、このようにコツコツと積み上げた信用も、落ちるときは一瞬だ。それはまるで雪崩のように一瞬で崩れ去る。

有名な童話である「オオカミ少年」でもそうだが、たった数回、周りに対して偽りの発言をするだけで、「信用」というかけがえのないものを失って、人生が大きく転回していくことになるのだ。

また、信用が落ちるのは一瞬だが、信用を一瞬で築くことはできない。お金で買うこともできない。

たとえば、目の前に1億円を持っている人がいるとする。あなたとその人は初対面だ。そのとき、あなたは「1億円を持っている」という事実だけで、「お金は結果だ。だから、1億円を持っているこの人は信用するに足る、素晴らしい人格者だ」と思うだろうか。私なら思わない。何度も会って、話を聞き、その人の行動を見て、そしてその行動に基づいた結果が出ているかということを確認しながら、徐々に「だからこの人はこれだけのお金を持つことができるようになったのだ」と合点がいき、それが信用に結びついていくのではないだろうか。

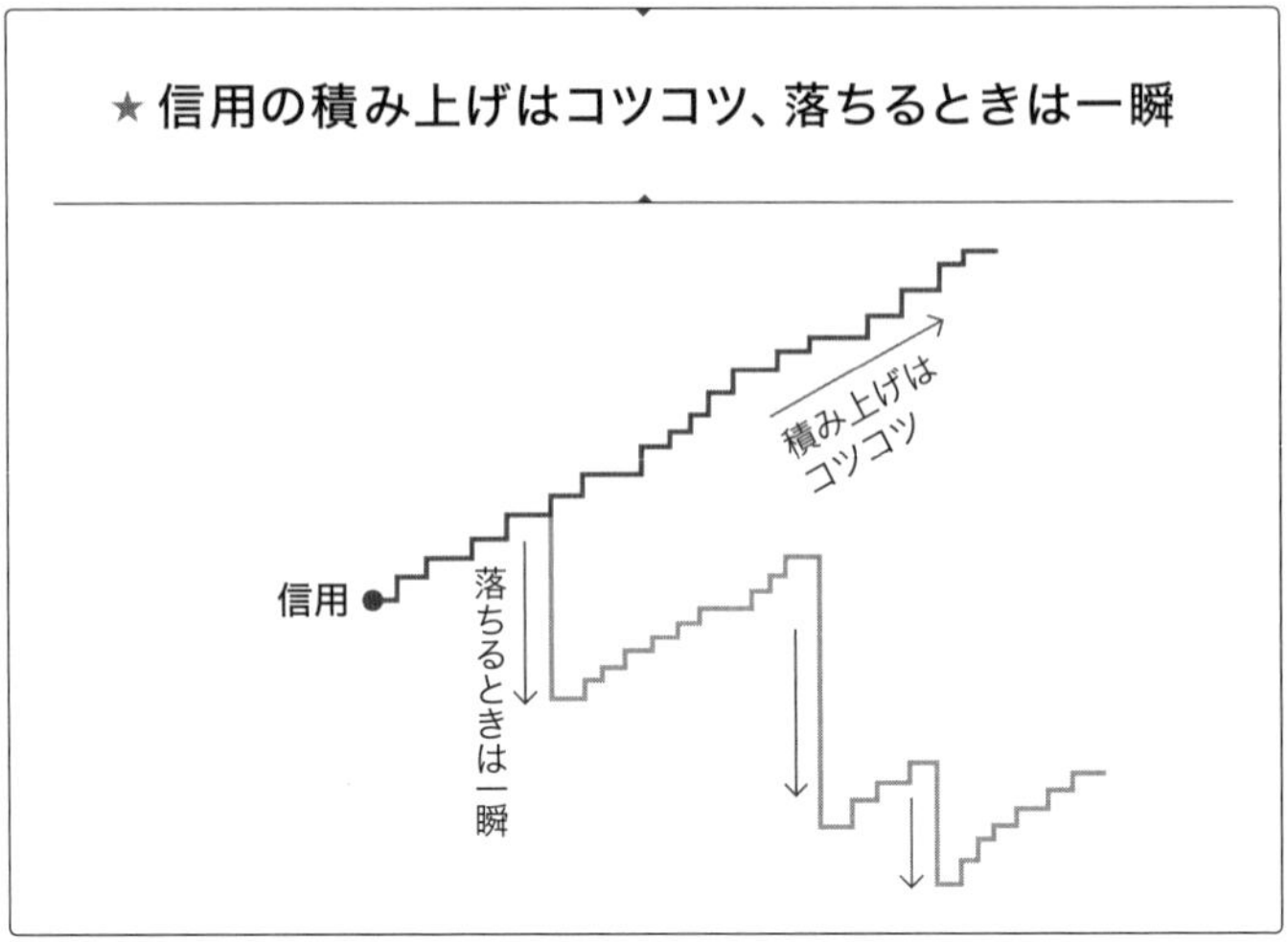

人生の重要な局面では特に信用が大きく影響する。いざというときに助けてもらえるのは、周りからの信用が高い人だ。信用が低いと、普段は仲間がたくさんいるように錯覚していても、困ったときに四面楚歌に陥り、誰も助けてはくれない。

金融機関から融資を受けるときも、信用が高い人は、低い金利で借りることができる。つまり、信用が高まれば高まるほど、夢を叶えるためのお金を低い金利でたくさん集められるということだ。

あなたが今日守った細かな約束事が信用になり、その信用が未来から見た過去として積み上がって大きな人間的信用になり、「お金」という結果として表れてくる——これが信用経済の本質だ。

まずは5年、目の前の信用をコツコツと積み上げていってみよう。たった5年、言動・行動・結果を正し、小さな信用をコツコツと積み重ねるだけで、あなたの信用は、5年後にはとてつもなく大きな人間的信用に育っているだろう。この信用が、あなたの人生のパスポートとなってくれるのだ。

SNSで信用は世界に共有される

現代は、SNS（ソーシャル・ネットワーク・サービス）が発達し、日本中はおろか、海外にまでもすぐに情報が行き渡る時代だ。SNSによって共有され、波及していく情報は、何も写真や文章で飾られた日々の出来事だけではない。そこから推し量ることができるあなたという人物に対する信用の度合いについても、世界レベルで情報が共有されるということを意味する。今や、生保保険に加入するための審査でも、会社の採用試験の選考でも、SNSの情報がチェックされるのが当たり前の時代なのだ。

ある出来事があって、あなたが1人の知人から信用を失ったとする。あなたはよほど思うところがない限り、その事実をあえてSNSに投稿することはないだろう。しかし、その相手が、何の気なしにその出来事をSNSに投稿すれば、10人、100人といった単位の人がそれを目にする。

友人関係もしかりだ。一緒に食事に行ったり、仕事をしたりといった出来事をSNSに投稿する人は少なくない。しかしその相手が、その後、社会を揺るがすような事件を起こしたり、トラブルに巻き込まれたりしたらどうだろう。あなた自身は何もしていなくても、周りの人から見れば、あなた自身の「人を見る目」への信用がなくなる可能性は十分にある。

嘘や言い訳がSNSによって図らずもばれてしまうというケースも少なくない。たとえば、会社の上司や取引先から急な食事に誘われた。本来であれば参加すべきなのかもしれないが、学生時代の友人たちとの食事会があったため、「今日はどうしても体調がすぐれなくて……」と嘘をついて断った。

そして、参加した食事会。無論、あなた自身はよほど迂闊でない限り、その様子をSNSに投稿しないだろう。しかし、大勢の中の誰かがあなたが気づかないうちに写真を撮り、あなたの名前にタグ付けをして投稿したために、それを上司や取引先が見て、あなたの嘘を知ってしまう可能性は十分にあるのだ。

以前であれば、せいぜい数人にしか影響しなかった出来事や明るみに出ることのなかった出来事が、SNSの発達によって、いとも簡単に露呈し、拡散してしまう時代なのだ。そして、悲しいかな、いったん発信されてしまった情報を自らの力で止め、信用を取り戻していくのは至難の業だ。

「あの人は信用できる」と思われるのと「あの人は信用できない」と思われるのとでは、あなたの人生には雲泥の差が出てくる。そして、信用できると思ってもらうまでには相当な努力が必要だが、一度信用を失ってしまうと、それを取り戻すのは非常に難しい。

しかし、だからこそ一度得た「信用」にはとてつもないパワーがある。

信用があると、生活のいろいろな面において融通が利き、快適になる。信用があると、キャリアを高めやすく、高い収入につながっていく。信用があると、同じように信用ある良い仲間が集まる。

社会は、信用を中心に回っているのだ。

❷ 他人のお金の使い方にこそ人格が出る

お金はあなたを映す鏡だ。あなたのお金の使い方を見れば、あなたの人格そのものが見えてくる。

しかしさらに、その人の本質が顕著に表れるのが、「他人のお金」の使い方だ。むしろ、自分以外の人のお金を使って何かを行う場合にこそ、その人の本当の人格が出るといっても過言ではない。

たとえば、あなたはこんなお金の使い方をしてはいないだろうか。

- レストランで注文するとき、自分で支払うのであれば「ちょっと高いから」と注文しないであろうと思うメニューを、誰かのおごりだったら注文する。
- 自分で支払うときは残さず食べるのに、誰かのおごりだったら残してもいいや、という気になってしまう。
- 普段ならタクシーを使うのは最寄り駅までだが、タクシー代を出してあげると言われたら、そのまま自宅まで乗って行く。
- 自宅ではトイレットペーパーを無駄遣いしないように気をつけているのに、公衆トイレやレストランでは贅沢に使ってしまう。
- 自宅で充電すると電気代がもったいないからと、わざわざ会社でスマートフォンの充電をする。
- 仕事で業務を外注する際に、自分のお金だったらもう少し安いところがないか探してみるのに、「会社のお金だから、まぁいいか」と、適当なところで妥協してしまう。

●白黒や縮小コピーでも十分なのに、会社の経費だからとあまり深く考えずにカラーで印刷する。

●自費で旅行するなら早起きしてでもＬＣＣ（格安航空会社）を使うのに、出張の経費であれば、当然のようにＡＮＡやＪＡＬに乗る。

「他人のお金、といっても、会社の経費であれば誰も懐は傷まないのでは？」と思うかもしれない。しかし、それは大きな間違いだ。

自分を会社の経営者に置き換えて考えてみるとわかりやすい。自分が経営者だったら、いくら潤沢に資金があるとはいえ、わざわざ無駄な経費を払うことをよしとするだろうか。無駄な経費を払うくらいであれば、その分を売上げ拡大のための投資に使いたいと考えるはずだ。あなたが会社の経費を無駄に使っているということは、たとえ金額は小さくても、ボディブローのように、本来なら投資に回せるお金を会社から奪っているということにほかならないのだ。

自分のお金なのか、他人のお金なのかで行動が変わるということは、１カ月の小遣いが３００円の子どもが、自分の小遣いなら絶対に買わない１個５００円のお菓子を、お母さんと一緒にスーパーに買い物に行ったときには、気が大きくなって買い物カゴに放り込む

★自分のお金と他人のお金の使い方

自分のお金　使う 他人のお金　使う	NG! 自分のお金　使わない 他人のお金　使う
自分のお金　使う 他人のお金　使わない これがベスト!	自分のお金　使わない 他人のお金　使わない

のと同じことだ。

「夫がお金を出してくれるなら、できるだけ高いものを買ってもらいたい」「自分のお小遣いではなく、妻が管理している生活費から出してもらえると得をした気分になる」というのも、基本的な思考回路はお菓子を買う子どもと同じだ。

短期的な「得」と引き換えに失っているもの

こうした行動によって、金額的には、いくばくかの「得」をすることができるかもしれない。しかし、その「得」を引き出した相手からは、あなたの思考の本質がスケルトンさながらに透けて見えていることを忘れてはならない。

それが、お金の教養ＳＴＡＧＥの高い相手であるならば、なおさらだ。あなたがいくら上手に立ち回ったつもりでも、お金の教養STAGEの高い相手からは、面白いくらい手に取るようにすべての思惑が透けて見えている。

唯我独尊の思考が透けて見えては、到底信用を築くことはできない。結果的に、お金の教養STAGEが高い人にかわいがってもらえるチャンスも、新しいSTAGEへと引き上げてもらえるチャンスも、そこから新たな出会いが広がるチャンスも失うことになる。短期的な「得」と引き換えに失っているものは、とてつもなく大きい。

自分のお金であっても、他人のお金であっても使い方が変わらない、むしろ他人のお金だからこそ、使わないか、自分のお金以上に大切に使う——人間的信用を築くうえでは、こうした行動が不可欠だ。金額的な「得」は数万円、もしかしたら数十万円かもしれないが、そこで失った人間的信用は100万円、1億円を出しても買うことができないのだから。

日常生活での相手の得を考えて動く思考習慣をつける

日常生活での人間関係も、労働者と会社という雇用関係も、私たちを取り巻くすべての関係は、ギブ・アンド・テイクでなければその関係を長く続けることはできない。

「食事に行くといつもおごってもらっているけれど、私の何倍も収入がある人だから問題ないだろう」

「この間コーヒーをご馳走になったけれど、上司だから当然だろう」

こうした思考は、厳しい言い方をすれば非常に自己中心的だ。確かに懐事情だけで捉えれば、正論のように思えなくもないが、これだけでは相手にとっては「ギブ」しかなく、アンバランスだ。

だからといって、フェアになるよう次回はこちらがご馳走しなければ、という話ではない。しかし、アンバランスなままでは、遅かれ早かれ関係性は保てなくなる。こうした場合には、お礼の手紙をしたためる、仕事の成果で報いるなど、「お金」以外の相手の得になる方法で「テイク」することで、バランスをとっていくことが大切だ。

おごってもらいっ放し、ご馳走になりっ放しで何のお返しもできていないままになっていたとしたら、あなたの信用に知らず知らずのうちに傷がついている可能性は高い。

お願い事や交渉事でも同じことがいえる。

会社や取引先に「給料を上げてくれないなら、辞めるかもしれない」とか「値引きをしてくれないなら、次から発注しないかもしれない」などと駆け引きをして、適正額を超える待遇や価格の交渉をしたとしよう。

これが成功すると、あなたは「得をした」と思うかもしれない。しかし、こうした駆け引きや交渉で一方的に得をするということは、基本的にはない。

なぜなら、あなたが得をしているということは、相手が損をしているということと同義だからだ。

こちらの希望条件が通ったということは、相手は譲ったということだ。譲った側の立場になって考えれば自明だが、これによって相手から見たあなたの信用が高まることは決してない。「強引な人だ」「自分の事情ばかりを言う人だ」という印象が残り、大きく信用を失っている可能性が高い。

辞めるということを材料に駆け引きをしなくても、仕事で結果を出せば必然的に給料は上がっていく。先述したが、会社からすれば、そうした有能な人材であれば、他社に取られたくないため、できる限り引き抜きや転職の可能性を下げておきたいと考えるからだ。

今回、値引きに応じてくれたのであれば、その分、ここぞという大きな案件で取引をお願いするなど、譲ってもらったことに報いるという配慮も必要だろう。このように、総合的に相手の得を考えてこそ、信用が培われていくのである。

お金はあなたの人格を映す鏡だ。その向き合い方次第で人間的信用を積み上げることもできれば、取り返しがつかないほど信用を落としてしまうこともある。根幹で必要なのは、

「相手に対して誠実に向き合う気持ち」「自分が譲ることで、相手に心地良くなってほしいという気持ち」だ。

「損して得取れ」という言葉があるように、自分の人間的な器を広げ、交渉や駆け引きで相手に勝とうとするのではなく、相手の得を考えて動く思考習慣をつけよう。この思考習慣が、見えないところであなたの信用を積み上げていく。そして、短期的な交渉によって得られたかもしれない「得」の何十倍、何百倍もの価値があるものへと形を変えていずれ戻ってくる。これが信用社会の本質なのだ。

❸「自責」が人格を育てる

Buyer Beware.

これは、私が自分自身に日頃から言い聞かせている言葉の1つで、「買い物をする者は気をつけろ」という自己責任の思考だ。

日本は、諸外国に比べて「騙す人が100％悪い」「騙された人は100％擁護すべき」

という風潮が強い。

しかし、いつの時代も「他人を騙す人」を撲滅することは不可能だ。騙す人ももちろん悪いが、一方で騙される私たちにも非がないとはいえない。1人ひとりが知識を持ち、正しい判断を行えるようになることが、騙されないための唯一の方法なのだ。

たとえば、中古でマイホームを購入したとしよう。住み始めた後に、不具合が見つかった。ドアを開けたときにきしむような音がするし、床には工具を落とした傷跡のようなものがついている。

こうした場合に、「こんな状態で引き渡しをするなんて問題だ」と仲介会社にクレームをつけるのが日本では一般的だ。しかし、アメリカでは「引渡しのときによく確認しなかったのが悪い」という論理になる。悪いのは仲介会社ではなく、マイホームという高額の買い物にもかかわらず細部を確認しなかった買い手側であり、不具合があったとしてもそれは自責で考えるべき、というわけだ。

他責思考がまかり通ったり、外部から援助してもらうことが当たり前だったりすると、人はどんどん無防備になっていく。自己責任、つまり自責こそが自分を強くしてくれる。

「消費者保護」が他責思考を育てる

子どもを過保護に育てると、生活力に欠けていたり、経済的に自立できなかったり、我慢ができずに周りの人から疎まれるようになったりしやすい。こうしたことは、子どもだけに限ったことではない。

近年、知識がないままに金融機関に勧められて金融商品を購入し、損失を出す人が後を絶たないことから、金融商品取引法によって手厚い投資家保護が行われている。

適合性の原則に基づき、業者はその人に合った商品を勧誘・販売しなければならないと定められ、金融商品を販売する際には、商品の仕組みやリスク、コストなどが記載された書面を交付することが義務となった。

しかし、こうした手厚い投資家保護が、皮肉にも投資家側の慢心を呼び起こしていると感じているのは私だけだろうか。

本来、自分のお金を投資する以上、商品の仕組みやリスク、市場環境などについては自分で勉強し、納得したうえで購入すべきだ。しかし、投資家保護という標語が、金融機関に守られているかのような錯覚を生み、結果として大勢の無力な投資家を育ててしまっている。

金融機関の側も、法律によって規制を受ければ受けるほど、投資家に形骸化された大量の書面を交付することで、リスクを回避することにばかり意識が向いていく。

こうした過剰な投資家保護が、他責思考の投資家と、投資家と監督官庁からの指摘を恐れて何もできない金融機関を生み出していくのだ。

他責思考は人格を育てない。投資に限らずすべての結果の原因は、自分の言動と行動にある。このように覚悟して日々の判断を行うことが、自分の器を大きくし、人格を育てていくことにつながるのだ。

逆境の中でこそ人格が育つ

他責から自責へと思考をチェンジできると、生きることが楽になる。

他人は変えることができない。他責で考えると「なぜあの人は思いどおりに動いてくれないのだろう」と、変えることができない他人にイライラが募るが、自責で考えれば「自分が変わればよいのだ」とわかる。

生まれ持った環境は変えることができない。他責で考えると「なぜこのように貧苦な環境に生まれてしまったのだろう」と運命を嘆かざるをえないが、自責で考えれば、「この逆境があるから、周りよりも頑張れる」と運命を受け入れられる。そして、そうした逆境があるからこそ、何事にも動じず、受け入れ、乗り越えていく力が備わるのだ。

こうやって備わった人格は、人生のどんな場面をも切り開いていける無二の宝物になる。一生涯通用する人生最大の「武器」を手にすることができるのだ。

④ 人生の質と大きさは「仲間」で決まる

お金の教養STAGEは「類友」を生む。

お金はあなた自身を映す鏡だ。だから、あなたが生活の中で多くの時間を共にしても互いに心地良い、楽しいと感じる相手は、多くの場合、お金の教養STAGEが同じか、違っていても、せいぜい1つぐらいの違いのはずだ。

類は友を呼ぶ。この、お金の教養STAGEが近い仲間を私は「類友」と表現している。

たとえば、「外で食事をしよう」という話になったとき、ファミリーレストランが心地良いと感じる人もいれば、美味しいヴィンテージワインが置いてある店でないと落ち着いて食事ができないという人もいる。これらの差の多くは、言ってみればお金の教養STA

GEの差なのだ。

誰しもが、電車に乗っているときやレストランで食事をしているとき、周りのグループの会話を聞いて「品性に欠ける人たちだな」と感じたり、「知的な会話をする人たちだな」と感じたりした経験を持っているだろう。会話の中身を耳をそばだてて聞いていなくても、漏れ聞こえる内容だけで、彼らが類友だということもわかるし、そのグループのSTAGEもおおよそ想像がつく。

私たちの体の骨や筋肉が、日々食べている野菜や魚、肉からできあがっているように、私たちの考え方は、良いところも悪いところも、日々、周りにいる友人や家族から無意識のうちに吸収してできあがっている。考え方だけではない。態度や生活習慣など、すべてである。

人格は、誰と付き合い、誰を模範とするかによって決まる。深く付き合っている人であればあるほど、その影響は大きい。子どもの言葉遣いや生活習慣、喜怒哀楽などが親に似てくるのと同じ原理だ。

「付き合っている人を見れば、その人がどんな人なのかがわかる」とよく言われるように、あなたの周りにいる友人や家族の「平均」が、紛れもない、あなた自身なのだ。

つまり、経済的にも、心理的にも豊かな人生を送るためには、あなた自身が意識的にお金の教養ＳＴＡＧＥを上げ、周りにいる「類友」を変えていく必要があるということだ。

ＳＴＡＧＥを上げれば成長し合える仲間と出会える

お金の教養ＳＴＡＧＥの面白いところは、ＳＴＡＧＥが高い者同士であるほど、「考え方」のＳＴＡＧＥも高いので、一緒にいて成長し合えるというところだ。「人格者との付き合いは、万巻の書に勝る」とスマイルズが説くのはまさにこのことだろう。

ＳＴＡＧＥが上がるにつれ、

- 自分のお金だけにとらわれず、社会に対してどうお金を使えばよいかに意識を向ける人
- うわさ話や人の意見に左右されず、物事の本質を見極め、正しく判断できる人
- 自分自身も含めて、時間の余裕、心の余裕がある人
- 常にポジティブな言葉を言う人

が自然に集まってきて、そういった人に囲まれるようになる。

裏を返すと、そういった人に出会い、成長し合える仲間としての関係を築きたければ、まずはお金の教養ＳＴＡＧＥを高めていくことだ。

時々、異業種交流会や大勢が集まるパーティなどに積極的に参加し、著名人と知り合いになったり、自分にとって有利になる人脈を開拓したりしようと試みている人がいるが、人間関係は互いに心地良い、楽しいと感じないと築けない。たとえ1回食事を共にすることが叶ったとしても、あまりにもＳＴＡＧＥが違っては、相手にとってはあなたと付き合うことのメリットもなければ、心地良さもない。その関係は決して長くは続かないだろう。

パートナー探しとお金の教養STAGE

恋人や結婚相手などのパートナーもしかりだ。いくら高収入の恋人や結婚相手を見つけようと奔走しても、自分のお金の教養ＳＴＡＧＥが低いままでは、なかなかそういった相手には巡り合えないし、ましてや深い付き合いにはならない。なぜなら、ＳＴＡＧＥの高い人からは、自分よりも低いＳＴＡＧＥのことはすべて見えているからだ。

お金の教養ＳＴＡＧＥは「類友」を呼ぶ。同じＳＴＡＧＥの人が一緒にいて心地良い。自分より低いＳＴＡＧＥの人よりも、少し高いＳＴＡＧＥの人のほうが一緒にいて刺激的だ。

それが長い時間を共にするパートナーであればなおさらだ。個々人の好みを別にすれば、自分の収入を当てにされたり、生活を依存されたりしそうな相手は避けようという思考が働くのが通常であろう。結婚ともなれば、家計も一緒になる。お金の教養ＳＴＡＧＥが低い相手に家計を預けることはリスクになる。

こういった思考は、それが収入の高い人であればあるほど顕著であろう。

なぜなら、収入が高いという「結果」は、それまで積み重ねてきた判断が正しかったということの証明だからだ。収入が高いからＳＴＡＧＥが高くなるのではなく、ＳＴＡＧＥが高いから収入も高いのだ。こうした判断の正確性は、パートナー選びにおいてもいかんなく発揮される。いくらうわべだけ言葉を取り繕ったり、外見に磨きをかけたりしても、あなたのＳＴＡＧＥは一瞬で見抜かれていると思ったほうがよい。

もしもあなたが、将来にわたって経済的に恵まれた生活を送りたい、ずっと円満な関係を築けるパートナーと巡り合いたいと考えるのであれば、まずは相手に何かを望むのではなく、自分のＳＴＡＧＥを高めよう。男性も、女性も、婚活成就の最大の近道は、お金の教養ＳＴＡＧＥを高めることだ。

収入の高いパートナーを見つける、著名人と知り合いになるといった、他人を利用することで、自分のSTAGEが上がることはない。自らの努力によってSTAGEを高めるほかに選択肢はない。そうやってSTAGEが上がった結果として、互いに成長し合え、豊かな時間を共に演出できる仲間やパートナーと出会えるのだ。

信用の3つのレベル

個々人としての信用を「お金」という視点から見た場合、それは3つのレベルに分けられる。

レベル1　経済的信用がない
レベル2　経済的信用がある
レベル3　人間的信用がある

これは、お金の教養STAGEとも深く連動している。

STAGE1は、借金をしないと生活が回らないか、信用がないために、高い金利でないとお金を貸してもらえない。信用がないためにとても生活しにくい状態ともいえる。

★個人の信用の3つのレベル

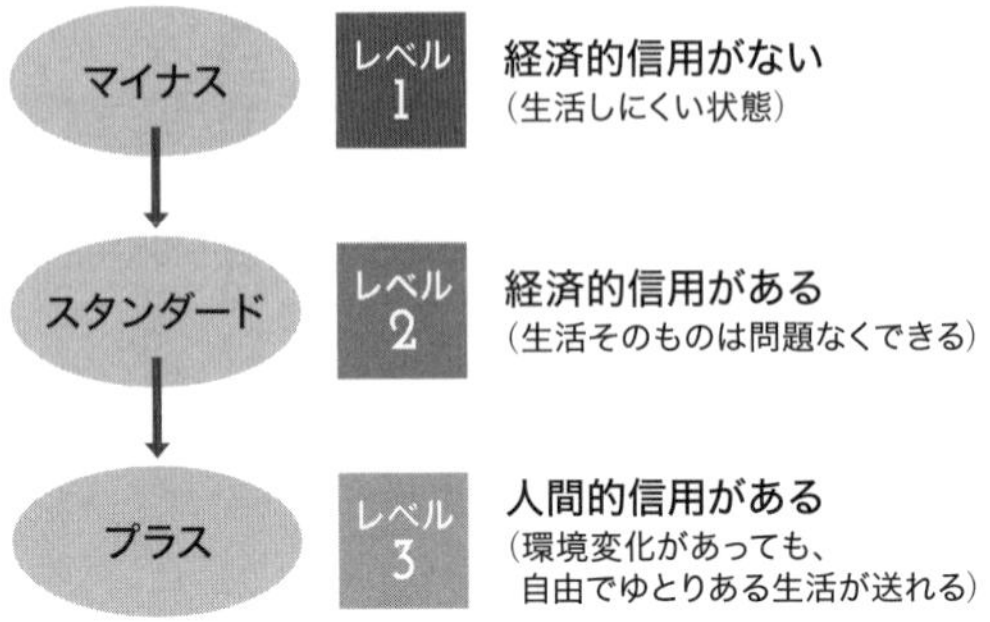

STAGE2になり、安定した収入が得られ、ある程度貯蓄ができてくると、経済的信用を得ることができる。おそらく、住宅ローンや自動車ローンといった一般的な借金であれば、問題なく借りることができるため、生活そのものがしにくいといった状態ではないだろう。

世の中を見渡すと、この「経済的信用」だけで「自分には信用がある」と満足している人も多いようだ。しかし、ここで立ち止まってしまうと、これからの時代変化の中で、気づいたら「信用がない」という状態に置かれてしまっていた、ということになりかねない。

どんな環境変化が待ち受けているかがわからないこれからの時代は、ますます1人ひとりの「個人の信用」が求められる時代になってくる、と私は考えている。個人としての信用が高ければ、勤めている会社にどんな不祥事があったとしても、ひょんなことからトラブルに巻き込まれて非常事態に陥っても、周りの人が助けてくれる。

「生活を立て直さなければならないから50万円を貸してほしい」という場合や、「夢を叶えるために起業したいから500万円出資してほしい」という場合に最終的な決め手となるのは、あなたが大企業に勤めているか、住宅ローンをきっちり返済しているか、といった経済的信用だけではない。最終的にモノを言うのは、あなた自身の人間としての信用なのだ。

自由でゆとりある生活を送りたいのであれば、この「人間的信用」をつけることが不可欠だ。経済的信用はもちろんのこと、その上に自分自身の信用をコツコツと積み上げることによって、信用ある人から信用される、人間的信用の高い人をめざそう。

お金は自分を映す鏡。人間的信用が高くなるということは、お金の教養STAGEが上がるということとほぼ同義だ。人間的信用が高まり、お金の教養STAGEがSTAGE4、STAGE5と上がったあなたの周りには、類友として同じように人間的信用の高い人たちが集まってくる。こうしてできた仲間は、あなたの人生にとって、お金では買えないとても大きな存在になるだろう。

❺

社会に自分を還元するということ

人生にはさまざまな選択肢があるが、人生のスタートについては何の選択権もない。「なぜ生まれなければならなかったのだろう」と考えたところで、容赦なく人生は始まり、続いていく。

そして、人生にあるさまざまな選択肢の1つとして、人は多くのものを買う。歳月の間に住宅や車、そして家具や家電など、身の回りのほとんどすべてのものを、お金と引き換えに得て、ものに囲まれて暮らすようになる。改めて、家の中をぐるりと見渡してみよう。そのほとんどが、あなたや家族がお金と引き換えにすることで手に入れたもののはずだ。しかし、それらのものもお金も、死ぬときには持っていくことができない。

お金の教養STAGEが低いときは、目の前の生活を送ることに意識のほとんどが向けられている。STAGE1であれば、目の前の生活のために働き、お金が貯まらないことに悩む。STAGE2であれば、欲しいものを手に入れ、将来の不安を払拭するために一生懸命に働く。

しかし、STAGE3、STAGE4とさらにSTAGEが上がり、目の前の生活が満たされ、欲しいものが手に入るようになるにつれ、人は目の前の生活だけでは満足できず、さらなる生きる意味を見出そうとするようになる。

この問いの答えとなってくれるのが、お金の教養の7つ目の要素である「社会還元」だ。自分の欲を満たすのではなく、周りの人のためにお金を使う。周りの人のためだけではなく、さらに大勢の役に立てることをする。

こうやって、他人のためにお金や時間、経験、スキルを使うことによって、自分の生きる意味を確かめていく。自分が生まれた意味を、自分で作り上げていくSTAGEに入っていくのだ。

「自分資産」という社会還元

時間、経験、スキル――これらは、お金以外にあなたが社会に提供できる貴重な資産だ。しかも、これらの資産はSTAGEが上がるにつれて価値が増していく。

1000円の寄付の価値は、STAGE1の人が行ってもSTAGE5の人が行っても、受け取る側にとっては全く同じだ。しかし、STAGE1の人が提供する経験やスキルと、STAGE5の人が提供する経験やスキルの価値は明らかに違う。STAGEの高い人が提供する経験やスキルには、お金では測ることのできない価値がある。

私は、お金ではない「人」そのものに備わっている資産を「自分資産」と呼んでいる。

もちろん、寄付をすることも大切であるし、ボランティアで体を使うことも大切だ。しかし、よほどの財を築き上げた人でない限り、提供できる寄付の金額は限られている。体力や時間もしかりだ。いくら若くて体力があっても、時間的なゆとりがあっても、1人の人間がボランティアとして提供できる体力や時間には限界がある。

それならば、より自分らしい形の「資産」、つまり「自分資産」を的確に見極め、それを社会に還元していこう。そのほうが、社会にとっての付加価値ははるかに大きい。そして、それはダイレクトにあなたの生きる意味につながっていくのだ。

自給自足と経済社会

生まれたばかりの赤ん坊の脳には、すでに大人と同じ約140億個のニューロン（神経細胞）があるという。しかし、赤ん坊と大人とでは、明らかに脳の働きが異なる。

これは、成長とともに、ニューロンがつながり、広がっていくからだ。

ニューロンがつながると、そこにはシナプスと呼ばれる継ぎ目ができる。そして、外界から得られた情報は、シナプスを介して他のニューロンへと送られる。これが繰り返されることでシナプスが増え、神経回路が密になることで脳は発達していく。

経済も同じだ。自分が生み出した価値を、お金と交換する。そこで得たお金を、他の誰かが生み出した価値と交換する。これが経済行為の本質だ。この1つ1つの経済行為というニューロンが複雑につながり合い、地球全体へと張り巡らされることで、経済というものができあがっているというわけだ。

第3章でも述べたが、私たちがレストランで好きなものを食べ、マイホームを買い、旅行に行くといった人生の自由を手に入れられるのは、資本経済の発展の恩恵だ。生活を豊かにするためにさらなる経済発展を望むのであれば、1人ひとりが積極的に経済行為を行い、ニューロンをつなげていくほかはない。

しかし、現実はどうだろう。

日本人の多くは、深層心理に少なからず「お金を使うこと」への罪悪感を持っている。「お金をなるべく使わないこと」「質素倹約であること」が正しいあり方であるとするならば、経済行為は増えるどころか、縮小していってしまう。当然ながら、資本主義経済の発展も望めない。

近年では、豊かな生き方の選択肢の1つとして田舎での自給自足生活を志向する人も増えているようだ。

自分で畑を耕して農作物を育て、衣料はできるだけ着回し、山から木を切ってきて住宅を修繕する。収入がほとんどなくても暮らしていける自給自足は、都会の喧騒に疲れた人にとっては魅力的に映るかもしれない。

しかし、経済行為という観点からすれば、社会に対する価値を生み出してもいなければ、自分のお金を誰かが生み出した価値と交換するということもほとんどしていない。結果として、税金もほぼ納めていないということになる。

その一方で、公共の道路を使い、健康保険を使い、公的年金を受け取る。厳しい言い方をすれば、経済にはほとんど貢献していないのに、公共サービスの恩恵だけを受けている、というのが自給自足の一面なのだ。

自給自足と聞くと、なんとなくうらやましい響きに聞こえてくる人も少なくないだろう。しかし、経済社会の中においては、ある意味で自己中心的な面があるのは否めない。

自己中心では、人格は育たない。自給自足は、STAGE1やSTAGE2の人の桃源郷にすぎない。本当の意味で充実した人生を送りたいのであれば、自己で完結するのではなく、「社会に対して何を還元できるのか」という視点を持とう。

資産を社会に回すという社会還元

経済的にも心理的にも豊かな人生を送っていくためには、お金や自分資産を自分だけで囲い込まず、積極的に社会に還元していくという姿勢を保つことが必要だ。

アルジェリアのカビール地方の農民がサルを生け捕りする方法をご存じだろうか。方法は簡単だ。彼らは、ひょうたんにサルの手がちょうど入るくらいの穴を開け、その中に米粒を入れる。そのひょうたんを木にしっかりとくくりつけておく。

夜になると、サルが木のところにやって来て、ひょうたんの穴から手を突っ込み、米粒をわしづかみにする。そのまま手を引き抜こうとするのだが、きつくて抜くことができない。握った手を緩めれば抜けるのに、米粒欲しさにそこまで知恵が回らないのだ。

そして、夜が明けると農民に生け捕りにされるというわけだ。そのときのサルは、米粒をしっかり握りしめたまま、実に間の抜けた顔をしているという。

目の前のお金を手放さないことに必死になっていると、このサルと同じように本質を見失ってしまう。現状を守るために必死になっていると、未来に広がっているはずの可能性を自ら消してしまいかねない。

自分が持っているお金や自分資産を、自分だけで囲い込まずに、どんどん社会に還元していこう。これらは必ず、経験という血肉になり、かけがえのない信用となり、心の豊かさというお金では買えない価値となって、あなたのところに戻ってくる。

人に求められる時間

ＳＴＡＧＥ５になると、お金が空気のような存在になり、時間を自由に使えるようになる。お金の教養ＳＴＡＧＥが上がると、「忙しい」という状態から解放され、自由なお金、自由な時間をたくさん持つことができる。第５章では、そのように述べた。

自分の好きなようにお金と時間を使ってよくなれば、結果として、物事を判断するときの基準がお金や時間ではなくなっていく。

目の前で溺れかけている人がいたら、とっさに助けようとする。一生懸命につかまり立ちをしようとしている赤ん坊を見たら、心の中でエールを送りたくなる。枯れそうな植物を見たら、水をやりたくなる。これが人間の本能というものだ。

自分自身のことで精一杯だと、日々の生活の中でこうした本能を押し殺してしまいがちだが、経済的、心理的なゆとりがあれば、こうした本能に忠実に生きることができる。

「仕事をしていたらお金が得られていた時間なのにもったいない」「相談に乗ってあげたい

けれど、食事代がかかってしまう」などと打算的に考えずに、喜んで人のために使うことができるようになるのだ。

想像してみてほしい。そうなったときにあなたは何を生きる原動力とするだろうか。どんなことに生きる意味を見出すだろうか。

最初のうちは、得たお金や空いた時間をすべて自分のためだけに使うのも楽しいかもしれない。しかし、第3章でマズローの欲求5段階説を置き換えて論じたように、自己実現欲求の上には、社会還元欲求がある。おそらくほとんどの人が、お金や時間を自分のためだけでなく、人の成長や文化の継承に使い、自分が持っている経験やスキルを惜しみなく社会に還元することで、自分の生きる意味を最大化したいと考えるはずだ。

過去の偉人はみな、血と汗のにじむような努力をし、それによって得られた研究の功績や豊かな思想を後進の人々に譲り渡してきた。私たちが便利な機器に囲まれて生活ができるのも、名著を読んで心に栄養を得ることができるのも、学問を体系立てて学ぶことができるのも、すべて過去に生きた人々がお金や時間を使って得たものを譲り渡すということを繰り返してきたからである。

あなたも、今まさにこのタスキをつないでいるところだ。これまでの人生であなたのお金が増え、時間的価値が高まったとしたら、今までの経験や判断が正しかった結果だ。それらを他の人に伝えていくことは、相手にとって価値のあることだ。自分が経験したことを、他の人や社会に循環させることに、自分のお金と時間を使っていくのだ。

夢と喜びを与えることを生涯の仕事としたディズニーの創業者、ウォルト・ディズニーは、「与えることは最高の喜びなのだ。他人に喜びを運ぶ人は、それによって自分自身の喜びと満足を得る」と言ったという。アメリカの社会福祉活動家、ヘレン・ケラーも「人生は興奮に満ちている仕事です。最も興奮するのは、他人のために生きるときです」という言葉を残している。

人から求められ、必要とされることほど、贅沢なことはない。これこそが、人生を豊かにするためのお金で買うことができない究極の贅沢といえるかもしれない。

お金の使い方を見ると、その人の人格が出ると述べたが、お金が空気のような存在になり、自由な時間が増えれば、それらの使い方は必然的に社会還元に向く。人格のために意識してお金を使わなくても、お金が人格を育んでくれる。

お金の教養ＳＴＡＧＥを高めることは、自らの人格を育むという、人生にとってかけがえのないものへとつながっているのだ。

おわりに

私が、「お金の教養」という考え方を提唱し始めたのは、10年前の2006年のことだ。その後、2008年9月に『お金の教養――みんなが知らないお金の「仕組み」』(大和書房)を上梓した。

今でこそちょっとした「教養」ブームが巻き起こっているが、当時は「教養」というと、食事会などの社交の場で披露できる文化や歴史の知識、といった認識が一般的であった。そのため、取材などでも「お金に教養が関係あるのですか」と不思議そうな顔をされたり、お金を増やすための知識やノウハウが聞けると勘違いされたりすることが多かったのを覚えている。

あれから約8年。最近では「お金の教養」という言葉は、すっかり違和感なく世の中に溶けこむようになった。連動するかのように、ファイナンシャルアカデミーの講座に通う受講生の数も大きく伸びている。当時、月間100人ほどであった入門講座「お金の教養講座」の受講生数は直近では月間3000人を超えるまでになった。それだけ「お金の教養」を学ぶことの必要性が浸透してきている証といえるだろう。

「お金の教養」は、お金を増やすための知識やノウハウではない。私はそれを"Finance as Liberal Arts"と定義づけている。

リベラルアーツ(Liberal Arts)とは、自分の人生を自由に謳歌するために不可欠な「基礎学問」だ。欧米では、幼い時期からアート(art)とサイエンス(science)を軸にリベラルアーツを幅広く学ぶことで、自分の生き方やアイデンティティについて自由かつ主体的に考えられるような教育が行われている。

翻って日本はどうであろうか。本書でも再三にわたって警鐘を鳴らしてきたが、学問教育・職業教育偏重の日本では、生きることの本質を問うような基礎学問には、ほとんど時間が割かれてこなかった。こうした幼い頃からの教育の蓄積の結果が、今の欧米人と日本人とのライフスタイルや人生観、そしてそこから来る幸福感の決定的な差となって表れているのである。

本書の命題は「お金とは何か」ということだが、そこに「正解」は存在しない。百人百様、世界に70億人がいれば、70億通りの答えが存在するであろう。しかし、だからといってこの命題を追求することに意味がないわけではない。なぜならば、この命題についての議論が活発に行われることこそが、多くの人が「お金」という軸を通じて社会を捉えることにつながり、その軸の歪みによって起こっていた社会問題を解決することにつながっていくからだ。
正直に申し上げて、本書で書いたことのすべてが賛同を得られるものであるという確信はない。しかし、生活や人生と切っても切り離せない「お金」というものについて、原論不在のまま時代が進んでいくことに大きな危機感を覚えている。ぜひ、1人でも多くの人にこの議論に加わっていただきたい。「お金とは何か」という議論が活発になることこそが、「お金原論」確立への唯一の道であり、私の喜びであるからだ。

Think Money. Think Life.

今こそ、原論不在のお金の200年の歴史に風穴を空けようではないか。「お金」という一見無機質な側面を持つものだからこそ、その本質はいったい何なのかという「原論」をリベラルアーツと一緒に考える意義は大きい。その有機的な結合こそが、現代における最適解を導き出すものだと信じてやまない。

2016年7月

ファイナンシャルアカデミーグループ代表　泉　正人

【著者紹介】
泉　正人（いずみ　まさと）
ファイナンシャルアカデミー代表。
日本初の商標登録サイトを立ち上げた後、自らの経験から金融経済教育の必要性を感じ、2002年にファイナンシャルアカデミーを創立、代表に就任。身近な生活のお金から、会計、経済、資産運用に至るまで、独自の体系的なカリキュラムを構築。東京・大阪・ニューヨークの3つの学校運営を行い、「お金の教養」を伝えることを通じ、より多くの人に真に豊かでゆとりのある人生を送ってもらうための金融経済教育の定着をめざしている。『お金の教養』（大和書房）、『仕組み仕事術』（ディスカヴァー・トゥエンティワン）など、著書は約50冊累計150万部を超え、韓国、台湾、中国で翻訳版も発売されている。

ファイナンシャルアカデミー　http://www.f-academy.jp/

お金原論
30代で知っておきたい「お金の知性」の高め方

2016年 8 月4日　第1刷発行
2023年 6 月5日　第6刷発行

著　者――泉　正人
発行者――田北浩章
発行所――東洋経済新報社
〒103-8345　東京都中央区日本橋本石町 1-2-1
電話＝東洋経済コールセンター　03(6386)1040
https://toyokeizai.net/

装　丁……………………竹内雄二
本文デザイン・DTP……米谷　豪（orange_noiz）
印刷・製本………………リーブルテック
編集担当…………………佐藤　敬
 Printed in Japan　ISBN 978-4-492-31481-4